글 서지원   한양대학교 국문학과를 졸업하고 1989년 「문학과 비평」에 소설로 등단했습니다. 신문사 기자, 벤처 기업 대표, 출판사 편집자를 거쳐 현재 동화 작가로 활발히 글을 쓰고 있습니다. 쓴 책으로는 『우리 옷에 숨은 비밀』, 『우리 음식의 숨은 맛을 찾아라』, 『어느 날 우리 반에 공룡이 전학왔다』, 『훈민정음 구출 작전』, 『원더랜드 전쟁과 법의 심판』, 『세상 모든 철학자의 철학 이야기』, 『레 미제라블』, 『원리를 잡아라! 수학왕이 보인다』, 『개념교과서』, 『토종 민물고기 이야기』, 『귀신들의 지리공부』, 『무대 위의 별 뮤지컬 배우』, 『어린이를 위한 리더십』 등이 있습니다.

글 정우진   서울에서 태어나 단국대학교 국어국문학을 전공했습니다. MBC, EBS 등에서 '뽀뽀뽀, TV 속의 TV'를 비롯하여 다양한 교육 프로그램 등의 방송 작가로 활동했습니다. 지은 책으로는 『초등학교 6학년까지는 꼭 알아야 할 우리말 사전』, 『생각이 통하는 상식』, 『정치가 궁금할 때 링컨에게 물어봐』, 『암기왕 단숨에 따라잡기』, 『세상 모든 숫자들의 이야기』, 『리더가 되는 자기 계발 동화』시리즈, 『어린이를 위한 친구 관계의 기술』 등이 있습니다.

글 나혜원   덕성여자대학교에서 영어영문학을, 서강대학교 대학원에서는 디지털미디어를 전공했습니다. 기자와 편집자 등으로 활동했습니다. 지은 책으로는 『일주일 만에 끝내는 교과서』, 『국제무대에서 꿈을 펼치고 싶어요』 등이 있습니다.

글 조선학   서울예술대학교 극작을 전공하고 기자와 편집자 등으로 활동했습니다. 1995년 대화출판사에서 주최한 스토리 공모전에서 〈혼자가 아닌 둘이서〉라는 소설로 행복상을 수상하고 작가로 데뷔했습니다. 지은 책으로는 『사랑 듬뿍 초코초코 베이커리』, 『일주일 만에 끝내는 교과서』 등이 있습니다.

글 유시나   대학교에서 문예창작을 공부했고, 잡지 기자와 어린이 책 편집자를 거쳐 동화 작가가 되었습니다. 동화 쓸 때가 가장 신 나고 재미있고, 언제나 아이들의 입맛에 딱 맞는 톡톡 튀고 재기발랄한 글을 쓰기 위해 노력한답니다. 지금까지 참여한 책은 『일주일 만에 끝내는 수학 교과서』, 『일주일 만에 끝내는 국어 교과서』, 『공자』 등이 있습니다.

그림 엄수지   디자인을 전공하였고 꼴라쥬 작업과 자유로운 형태의 작업을 좋아합니다. 현재 티셔츠 그래픽 디자이너와 일러스트레이터로 활동 중입니다.

상상의집

들어가는 말

'경제'라는 말은 어쩐지 어려운 어른들의 말처럼 느껴집니다. 하지만 경제는 지금 책을 보고 있는 어린이 여러분 주변에서도 활발하게 일어나고 있습니다. 누구나 세상을 혼자 살아갈 수는 없지요? 살아가기 위해서는 음식이나, 옷, 책 등 많은 물건이 필요하지요. 또 그 물건을 만드는 사람들의 힘이 필요합니다. 이렇게 생활에 필요한 것들을 만들어내고 쓰고 나누는 모든 것이 경제입니다.

세계적인 부를 가진 기업가들의 이야기를 보면 어린 시절에 형성된 경제 개념이 인생에 큰 영향을 주었다는 것을 알 수 있습니다. 용돈을 잘 쓰는 방법이나, 아끼고 절약하는 정신 등이 그 출발이라고 할 수 있지요. 하지만 이런 소극적인 경제 개념에서 벗어나 경제의 커다란 톱니바퀴를 볼 수 있는 눈이 필요합니다.

이 책, 〈돌고 도는 경제-인물로 보는 경제 이야기〉에서는 경제를 이해하는 데 꼭 필요한 개념들을 동화로 쉽게 풀어냈습니다. 우리가 잘 아는 샤일록이나 허생과 같은 가상의 인물부터 워렌 버핏, 스티브 잡스, 헨리 포드 등 유명한 경제인들과 함께 경제를 쉽게 이해할 수 있게 했습니다.

동화 속에서 만나 보는 인물들은 무릎을 맞대고 이야기하는 것처럼 쉽고 편하게 경제 이야기를 들려줍니다. 상상력을 발휘해서 동화 속 주인공이 되었다고 생각하며 따라 읽어 보면 어려운 경제 개념도 자연스럽게 이해할 수 있지요.

훌륭한 기업가가 되려면 무엇이 필요한지, 수요와 공급이란 무엇인지, 가격이 어떻게 형성되는지, 경제의 바탕이 되는 공공재에는 어떤 것이 있는지 등 경제가 운영되는 원리를 쉽고 재미있게 배울 수 있답니다.

경제를 배우고 익히는 것은 단순히 돈을 많이 모을 수 있다는 것이 아닙니다. 경제의 흐름을 읽을 줄 알고 경제적인 습관들을 익히는 일입니다. 여러 인물들과 함께 보는 여덟 가지의 동화를 통해 어린이 여러분에게 경제가 보다 가깝게 느껴지기를 바랍니다.

차례

1 돌고 도는 돈 08
: 샤일록이 알려 주는 화폐와 금융 기관

〈베니스의 상인〉은 어떤 내용일까요? 24

깊이 읽기 – 화폐와 금융 기관 26

2 다 가질 수는 없어요 32
: 애덤 스미스가 알려 주는 시장

〈애덤 스미스〉는 누구일까요? 46

깊이 읽기 – 시장 48

3 물건이 없으면 가격이 올라가요 52
: 허생이 알려 주는 수요와 공급의 원리

〈허생전〉은 어떤 내용일까요? 62

깊이 읽기 – 수요와 공급 64

4 꿈꾸는 꼬마 피카소 68
: 스티브 잡스가 알려 주는 기업가 정신

〈스티브 잡스〉는 어떤 사람일까요? 82

깊이 읽기 – 기업가 정신 84

5 리지와 친구들의 달콤한 사랑 쿠키 88
: **헨리 포드**가 알려 주는 **생산성**

〈헨리 포드〉는 어떤 사람일까요? 100

깊이 읽기 - 생산성 102

6 나는 꼬마 주식 투자가 108
: **워렌 버핏**이 알려 주는 **주식과 투자**

〈워렌 버핏〉은 어떤 사람일까요? 122

깊이 읽기 - 주식과 투자 124

7 뱃길 열어라, 무역왕 나가신다 128
: **장보고**가 알려 주는 **무역**

〈장보고〉는 누구일까요? 138

깊이 읽기 - 무역 140

8 닭더러 봉이래서 봉이 김선달 144
: **봉이 김선달**이 알려 주는 **공공재**

〈봉이 김선달〉은 어떤 내용일까요? 154

깊이 읽기 - 공공재 156

『샤일록』이 알려 주는 화폐와 금융 기관

1 돌고 도는 돈

 "산타루치아, 산타루치아, 창공에 빛난 별 물 위에 어리어 바람은 고요히 불어오누나."

 아빠의 노랫소리가 수로 사이에서 울려 퍼졌어. 오늘따라 아빠는 기분이 좋은가 봐. 평소보다 더 맑고 고운 목소리가 하늘을 찌를 듯 울렸으니까. 바람은 시원했고, 곤돌라는 평화롭게 물 위를 흘러갔어.

 내 이름은 바르바로야. 나이는 열한 살. 나는 이탈리아의 베니스에 살아. 베니스는 베네치아라고도 부르는데, 물의 도시 또는 수상 도시라고 할 만큼 물이 많은 도시야. 나는 내가 사는 베니스가 너무 좋아. 마치 신비한 미로의 도시 같거든. 베니스에는 섬이 무려 118개나 있어. 그리고 그 섬을 잇는 다리만 해도 400여 개나 되지. 베니스는 바다 위에 지어진 도시거든.

 우리 아빠는 곤돌라를 모는 뱃사공이야. 곤돌라는 길고 좁은 배인데, 베니스의 좁은 수로를 오가면서 손님들을 나르지. 베니스에는 아주 오래된 건축물들이 수로 사이로 서 있는 아름다운 도시야. 아빠는 곤돌라를 타고 노를 저으면서 노래를 불러. 마치 오페라 가수처럼 낭만적인 목소리로 말이야. 그러면 손님들은 손뼉을 치면서 좋아해.

특히 요즘 베니스에는 외국에서 찾아온 무역상들로 북적거려. 아프리카와 멀리 아시아에서 온 상인들도 있지. 아빠 말로는 유럽에 해상 무역이 많아져서 베니스에 무역상들이 많이 찾아오는 거래. 베니스가 바다 무역의 도시라서 그런가 봐. 아무튼 사람들이 많이 찾아오는 건 좋은 거야. 그만큼 우리 아빠의 곤돌라도 바빠질 테고, 우리 집도 돈을 많이 벌 수 있을 테니까.

사실 우리 집은 가난한 편이야. 이 곤돌라도 아빠 것이 아니라, 다른 사람의 곤돌라를 빌린 거지. 하지만 머지않아 부자가 될 거라고 생각해. 내 꿈은 전 세계를 떠도는 무역상이 되어 돈을 아주 많이 버는 거거든.

"바르바로야, 저기 엄마가 집 앞에 나와 있구나."

아빠 말대로 엄마는 집 앞에 나와 손을 흔들고 계셨어. 엄마가 따뜻하고 맛있는 스프를 끓여 놓으셨겠지? 벌써 배에서 꼬르륵 소리가 나. 난 곤돌라에서 내리자마자 엄마 품에 안겼어.

그런데 다음 날이었어.

"큰일 났어! 바르바로야, 아빠가 사고가 나셨어!"

아빠의 친구가 집으로 뛰어 들어오며 소리쳤어. 혹시 큰 사고라도 나신 걸까? 조마조마한 마음으로 우리는 아빠가 있는 곳으로 달려갔어. 그런데 다행스럽게 아빠는 무사하셨어. 곤돌라가 바다에 가라앉은 것도 아니었어.

하지만 아빠는 경찰에 잡혀서 철창에 갇혀 있었어. 아빠가 곤돌라를 몰고 가는데 큰 파도가 갑자기 밀어닥쳤대. 곤돌라가 심하게 흔들려, 그만 손님이 건물 벽에 머리를 부딪치고 말았대. 그 손님은 병원으로 실려 갔는데 아직 정신을 차리지 못했다고 했어.

똑똑똑.

저녁 늦은 시각에 경찰이 집으로 찾아왔어. 경찰은 다친 손님에게 피해를 물어 주면 아빠를 풀어 주겠다고 했어.

"피해 보상비가 얼마인데요?"

"10만 리라입니다."

"10만 리라요? 우리에게 그런 돈은……."

엄마는 너무 놀라 입을 다물지 못했어. 우리 가족에게 너무나 큰 돈이었거든.

"저희는 지금 당장 그런 돈을 마련할 수가 없어요. 앞으로 벌어서 조금씩 갚으면 안 될까요?"

"안 됩니다. 10만 리라에서 한 푼이라도 부족하면 줄리앙 씨는 풀려날 수 없습니다. 이미 재판관의 결정이 끝났습니다."

경찰은 그렇게 말하고 돌아갔어.

다음 날, 엄마와 나는 감옥에 갇힌 아빠를 찾아갔어. 그리고 10만 리라에 대해 얘기하면서 돈을 마련할 방법을 물었어.

"괜찮아. 걱정 마라. 난 괜찮으니까. 엄마를 잘 보살펴 드려라."

아빠는 무조건 괜찮다고만 하셨어. 돈을 마련할 방법은 아빠에게도 없었던 거야. 아빠는 웃으려고 했지만 눈빛은 너무나 어두웠어. 아빠가 얼마나 슬프고 힘든지 나는 아빠의 두 눈에 맺힌 어둠을 보고 알 수 있었어.

감옥에서 나온 엄마와 나는 강가에 앉아 하염없이 눈물을 흘렸어. 우리 눈물은 강물에 떨어져 강물이 되어 흘러갔어.

이른 아침부터 나는 엄마와 함께 돈을 구하려고 동네를 돌아다녔어. 친척 집에 찾아가 보기도 했지만, 어느 누구도 그렇게 많은 돈을 선뜻 내주지는 않았어. 우리 동네는 가난한 사람들만 모여 사는 동네라서 10만 리라라는 큰돈을 빌릴 만한 집은 없었어.

나는 축 처진 어깨로 집 앞에 묶여 있는 아빠의 곤돌라를 바라봤어. 그때 곤돌라를 저으면서 지나가던 할아버지가 말했어.

"그 정도 돈을 갖고 있는 사람은 베니스에서는 딱 한 사람밖에 없지."

할아버지의 말에 나는 귀가 번쩍 뜨였어.

"그 사람이 누군데요?"

"하지만 그 사람은 피도 눈물도 없는 사람이야. 돈을 빌렸다가 약속한 날까지 못 갚으면 살을 베어 간다고 소문이 난 사람이지."

"살을 베어 간다고요?"

"바르바로야, 소문을 못 들은 모양이구나. 안토니오라는 사람이 그 노인에게 돈을 빌렸다는구나. 그런데 그 노인은 돈을 빌려 주는 조건으로 약속한 날에 돈을 갚지 못하면 심장에서 가장 가까운 부

분의 살을 1파운드 떼어 내겠다고 했다는구
나. 말이 안 되는 계약 조건이었지만 안토니
오는 돈을 갚을 자신이 있었던 모양이야. 그래서
계약서를 쓰고 돈을 빌렸지. 그런데 안토니오에게 사고가 나서
돈을 갚지 못했어. 그러자 가죽 끈에 칼을 갈면서 안토니오의
가슴살을 저며 내려고 했다지 뭐냐."

"그래서 안토니오는 죽었나요?"
난 소름이 오싹 끼쳐서 물었어.
"그 일로 재판을 했는데 포샤라는 판사가 이
렇게 판결을 내렸어. 가슴살은 가져가도 좋으나
피는 한 방울도 흘려서는 안 된다고. 결국 그 노
인은 포기하고 말았어. 피를 한 방울도 흘리지
않고 살을 벨 수는 없으니까."

"휴."
나는 가슴을 쓸어내렸어.
"덕분에 그 노인의 악명 높은 이름은 베니스 전체에 알려졌지."
"그 노인의 이름이 뭔데요?"
"샤일록!"

나는 머리카락이 쭈뼛 서면서 또 한 번 소름이 오싹 끼쳤어.
그날 밤, 나는 밤새도록 고민을 했어. 엄마한테 샤일록이란 노인
을 찾아가 보자고 말할까 했지만, 말하나마나 엄마는 반대를 할 게

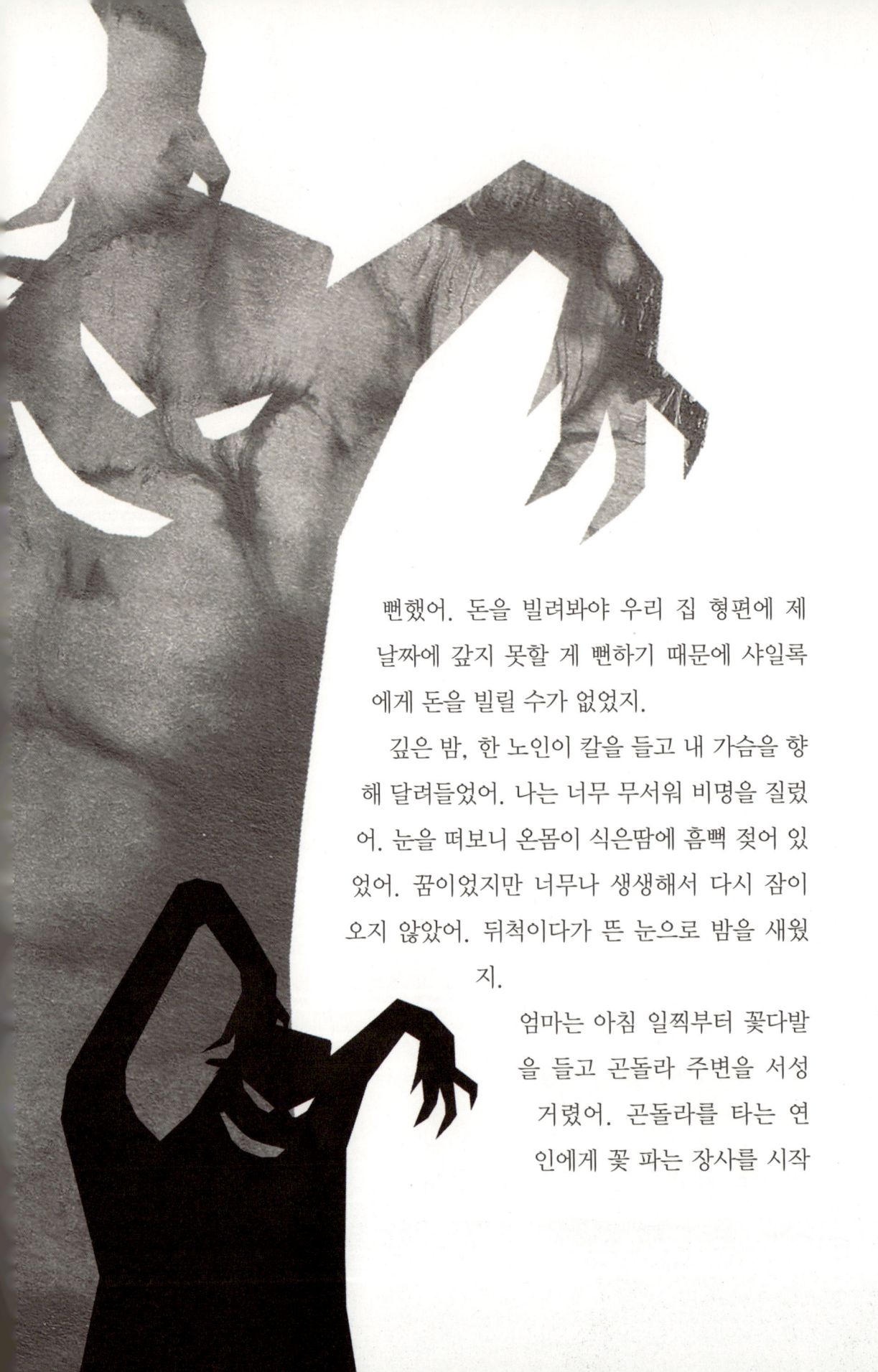

뻔했어. 돈을 빌려봐야 우리 집 형편에 제 날짜에 갚지 못할 게 뻔하기 때문에 샤일록에게 돈을 빌릴 수가 없었지.

깊은 밤, 한 노인이 칼을 들고 내 가슴을 향해 달려들었어. 나는 너무 무서워 비명을 질렀어. 눈을 떠보니 온몸이 식은땀에 흠뻑 젖어 있었어. 꿈이었지만 너무나 생생해서 다시 잠이 오지 않았어. 뒤척이다가 뜬 눈으로 밤을 새웠지.

엄마는 아침 일찍부터 꽃다발을 들고 곤돌라 주변을 서성거렸어. 곤돌라를 타는 연인에게 꽃 파는 장사를 시작한 거야. 하지만 엄마의 꽃 장사는 그다지 잘 되지 않았어. 피해 보상비인 10만 리라를 벌기는커녕 우리 가족이 먹을 음식조차 마련하기 어려운 지경이었어. 엄마는 괜찮은 척하셨지만 눈가가 벌게져 있었지.

나는 샤일록을 찾아가기로 결심했어. 내 가슴살을 저며 내더라도 아빠를 구하고, 엄마의 얼굴에 다시 웃음을 되찾게 해주고 싶었어. 샤일록을 만나는 건 어렵지 않았지. 곤돌라 할아버지에게 물어보니 샤일록은 날마다 같은 식당에서 식사를 한다고 했거든.

나는 그 식당 앞에 앉아 하루 종일 샤일록이 오기를 기다렸어. 어스름한 저녁이 왔을 때쯤, 어두운 다리 저편에 누군가 걸어왔어. 모자를 쓰고 허리가 구부정한 노인이었어. 나뭇가지처럼 바짝 말랐지만, 힘이 없거나 병이 든 것처럼 보이지는 않았어.

"저 사람이 샤일록이야."

식당에서 음식을 나르는 누나가 속삭였어. 나는 몇 번 망설이다가 샤일록 앞으로 다가갔어. 샤일록은 포도주로 목을 축이고 있었어. 샤일록에게서는 이상한 냄새가 났어. 썩은 생선에서 나는 것 같은 비릿한 냄새가 났지. 나는 허리를 숙이며 샤일록에게 정중하게 인사를 했어. 나를 쳐다보는 샤일록의 눈은 독수리의 눈처럼 매서웠어.

"무슨 일이냐?"

"돈이 필요해서요. 제게 돈을 빌려 주세요."

그러자 샤일록은 크윽, 하고 이상한 웃음소리를 냈어. 샤일록은 주머니에서 동전 한 닢을 꺼내 내게 던졌어.

"거지 꼬마야, 거지는 돈을 빌려 달라고 하는 게 아니라 달라고 구걸을 해야 하는 거야. 저리 가서 싸구려 빵이나 사 먹어라."

"저는 거지가 아니에요!"

내가 소리쳤어.

"반드시 돈을 갚을게요. 10년 아니 100년이 걸리더라도 꼭 갚겠어요. 제발 제게 돈을 빌려 주세요."

갑자기 내 눈에서 눈물이 주루룩 흘렀어. 울지 않으려고 했는데, 눈물은 자꾸 나도 모르게 흘러내렸어. 나는 솔직하게 아빠 얘기를 꺼냈어. 10만 리라를 피해 보상비로 내지 않으면 아빠가 감옥에서 풀려나지 못한다고 말이야.

샤일록은 내게 의자에 앉으라고 말했어. 종업원 누나를 불러 크림 수프를 시켜 주었지. 나는 배가 고팠지만 수프를 먹고 싶은 생각이 없었어. 눈물이 뚝뚝 수프 그릇에 떨어졌어.

"내일 이 시간에 다시 이곳으로 오너라."

샤일록은 그 말을 하고는 내게 가 보라고 손짓했어. 돈을 빌려 주지는 않고 말이야.

다음 날, 나는 낮부터 식당 앞에서 샤일록을 기다렸어. 어제와 똑같은 시간, 다리 저 너머에서 샤일록이 나타났어. 피도 눈물도 없는 못된 노인인데, 나는 무척 반가워서 얼른 달려갔어. 샤일록에게는 여전히 썩은 생선 같은 냄새가 났어.

샤일록은 들고 있던 가방에서 돈다발을 꺼냈어. 태어나서 돈을 다발로 보는 것은 처음이었어.

"10만 리라다."

난 눈이 돌아갈 정도로 놀라고, 가슴이 뛰었어.

　"하지만 공짜로 빌려 주는 건 아니야. 난 돈을 빌려 줄 때 높은 이자를 받거든."

　"이자가 뭐예요?"

　"이자도 모르다니! 10만 리라를 빌려 주는 조건으로 매달 내게 1만 리라씩 이자로 내야 해."

　"만약 이자를 내지 못하면……, 혹시 제 가슴살을 저밀 건가요?"

　나는 떨리는 목소리로 물었어. 그러자 샤일록은 고개를 저었지.

　"넌 비쩍 말라서 가슴살이 별로 있지도 않잖아. 네 가슴살을 저며서 먹을 정도로 나는 고기를 좋아하지 않아."

　난 가슴을 쓸어내렸어. 샤일록은 내 두 눈을 똑바로 쳐다봤어. 그 눈은 마치 내 마음속을 꿰뚫고 있는 것 같았어.

　"어차피 너희 집은 이자를 내기 힘들 테지? 10만 리라를 갚기도 힘들 테고? 곤돌라를 몰아서는 이자를 내기도 벅찰 테니까."

　난 고개를 끄덕였어. 거짓말은 통하지 않는 것 같았어.

　"난 절대로 돈을 공짜로 빌려 주지 않아. 평생 동안 그런 적은 한 번도 없지. 마침 우리 집에는 하인이 필요해. 지난 밤중에 모조리 도망갔더군. 배은망덕한 것들! 네가 앞으로 일 년 동안 우리 집에서 하인으로 일하면 빌려 준 돈의 절반을 받지 않도록 하지. 물론 이자도 안 받겠어. 이 정도면 엄청 좋은 조건이라고."

　"좋아요! 일 년 아니 십 년 동안이라도 일하겠어요!"

　나는 벌떡 일어나며 소리쳤어. 샤일록은 계약서를 내밀었어.

바르바로는 샤일록에게 10만 리라를 빌렸으므로,
앞으로 일 년 동안 샤일록의 집에서 하인으로 일하기로 한다.
그 조건으로, 샤일록은 이자를 받지 않으며
빌린 돈에서 5만 리라를 감해 주기로 약속한다.

나는 계약서에 사인을 했어. 샤일록은 약속한 10만 리라를 내게 주었고, 나는 돈 가방을 들고 하늘을 날 것처럼 집으로 향했지.

다음 날, 아빠는 무사히 가족의 품으로 돌아왔어. 우리 가족은 오랜만에 행복한 저녁을 먹었어.

"여보, 그 많은 돈을 어디서 빌린 거요?"

아빠가 엄마에게 물었어. 엄마는 눈을 휘둥그레 떴어.

"제가 빌린 게 아니에요. 당신이 빌린 것을 바르바로가 가져온 것 아닌가요?"

"바르바로가?"

엄마와 아빠의 눈이 모두 내게 향했어.

"하하하하!"

나는 어색하게 웃었어.

"걱정 마세요. 훔친 돈은 아니에요. 돈 많은 귀족 마나님을 우연히 만났어요. 귀족 집에서 하인을 구한다고 하잖아요. 그래서 아침부터 저녁까지 일 년 동안 일을 해 주기로 했어요. 귀족 마나님은 마음씨가 아주 좋고, 얼굴도 곱고, 무척 친절하신 분이에요. 저를 아들처럼 대해 주시지요."

거짓말이 술술 터져 나왔어. 연습한 것도 아닌데 어디서 거짓말이 나오는지 나도 놀라웠어.

"다행이구나. 우리 바르바로가 다 컸구나. 자기 힘으로 일자리를 구하다니. 나중에 내가 한번 인사를 드리러 가마."

아빠와 엄마는 나를 무척 대견해 하셨어. 나는 샤일록에게 돈을 빌렸다는 말은 절대 하지 않았어. 부모님이 걱정을 하실 테니까.

다음 날 이른 아침부터 나는 샤일록 할아버지의 집에서 일을 하기 시작했어. 샤일록 할아버지가 하는 일은 하루 종일 돈더미에 묻혀 사는 일이었어. 튼튼한 금고 안에 있는 돈을 세고, 돈을 빌리러 오는 사람에게 돈을 빌려 주고, 약속된 날짜에 이자가 들어왔는지 챙기는 일이었어. 나는 그제야 썩은 생선 같은 냄새의 정체를 알 수 있었어. 그건 돈 냄새였어.

"돈에서 왜 냄새가 나요?"

나는 코를 쥐고는 물었어.

"이렇게 향기로운 냄새가 어디 있지? 돈이라는 건 돌고 도는 법이지. 이 사람에게 갔다가 저 사람에게 갔다가, 계속 돌고 돌아서 돈이라고 하지. 그러니 냄새가 날 수밖에!"

샤일록은 돈을 얼굴에 문지르며 말했어.

나는 돈을 세는 샤일록 옆에서 차를 끓여 오기도 하고, 돈을 빌리거나 갚으려는 사람이 찾아오면 안내를 하고, 어지러워진 집 안을 정리하기도 했어. 넓은 집에 하인이라고는 나 혼자이니 눈코뜰 새없이 바빴어.

사람들은 샤일록 할아버지에게 돈을 빌리러 올 때에는 굽실거렸지만, 돈을 빌려가고 난 다음에는 욕을 했어. 너무 높은 이자를 받기 때문이었어. 10만 리라를 빌렸다면 매달 1만 리라를 이자로 내라고 했어. 10개월이 지나면 10만 리라는 20만 리라가 되고, 이자는 매달 2만 리라를 내야 했어. 5개월이 지나면 갚아야 할 돈은 30만 리라가 되고, 이자는 매달 3만 리라씩 내야 했지. 빚이 산에서 굴린 눈덩이처럼 저절로 커졌어. 빚이라는 건 정말 무서운 거였지.

샤일록 할아버지가 잠시 쉬면서 차를 마실 때 나는 이렇게 말했어.
"돈이라는 건 돌고 돌아서 돈이라고 한다고 하셨잖아요. 그런데 왜 할아버지는 혼자 움켜쥐고 있으려고 하세요?"

샤일록 할아버지는 내가 무슨 말을 하는지 신경을 쓰지 않았어. 어차피 꼬마 하인이 하는 말 따위가 뭐가 그리 중요하냐고 생각하겠지만, 그래도 나는 기가 죽지 않고 끝까지 하고 싶은 말을 했어.
"사람들은 할아버지를 무척 싫어해요. 할아버지에게 굽실거리는 건 할아버지를 존경해서 그러는 게 아니라, 할아버지가 가진 돈이 필요해서 그러는 거예요."

"안다, 다 알아."

"할아버지가 이자를 조금만 받고 빌려 주세요. 그러면 사람들이 할아버지를 고마워하고 좋아할 거예요."

크윽, 하고 할아버지는 웃었어.

"넌 아직 많은 걸 모르는 거야. 내가 왜 이자를 높게 받는지. 만약 내가 이자를 조금만 받는다면 너도나도 내게 돈을 빌리러 오겠지. 그러면 나는 돈이 부족해져서 더는 돈을 빌려 줄 수 없게 돼.

또 이자를 조금 받으면 돈도 그만큼 적게 벌게 되지."

나는 샤일록 할아버지의 말이 조금은 이해가 됐어. 어깨 너머로 나는 샤일록 할아버지가 하는 일을 지켜봤어. 그러다가 좋은 생각이 났어. 돈을 빌리러 오는 사람도 좋아하고, 샤일록 할아버지도 좋아할 방법이었어.

"샤일록 할아버지, 빌려 줄 돈이 부족하지 않을 만큼 엄청나게 많은 돈을 모을 수 있어요. 또 이자를 적게 받아도 돼요. 엄청나게 많이 빌려 주면 이자를 조금씩 받아도 돈을 엄청나게 많이 벌 수 있을 테니까요."

나는 '엄청나게'라는 말을 연방 쓰면서 말했어.

"또 무슨 엉터리 꾀를 내는 게냐?"

"제 얘기를 들어보세요. 이 동네는 부자들이 많이 사는 부촌이잖아요. 부자들은 언제나 돈이 넘쳐나요. 무역을 해서 번 돈이 집안에 항상 가득 차고 남는다고요. 부자들은 쓰고 남은 돈을 어디에 보관해야 할지 몰라 걱정을 한대요."

"그렇지. 그래서 뭐가 어떻다는 거냐?"

"그 부자들을 찾아가 돈을 빌려 달라고 하는 거예요. 가난뱅이가 빌려 달라고 하면 빌려 주지 않겠지만, 샤일록 할아버지 같은 부자가 빌려 달라고 하면 믿고 빌려 줄 거예요. 또 돈을 빌려 주면 이자도 주겠다고 하세요. 집에 돈을 보관해 놓는다고 돈이 늘어나는 것은 아니잖아요. 샤일록 할아버지한테 맡기면 안전하고, 이자도 생

기고, 정말 좋지 않아요?"

"으흠, 그래서?"

할아버지는 눈을 반짝거리면서 흥미를 보였어.

"그래서 그렇게 돈을 빌려와서 돈이 필요한 사람에게 빌려 주는 거지요. 이자를 조금만 받으면 많은 사람들이 빌리러 올 거예요."

"오호, 돈이 남는 사람과 돈이 필요한 사람을 서로 연결시켜 주자는 말이구나?"

"그럼요! 바로 그거지요. 그리고 다른 일도 할 수 있어요. 샤일록 할아버지의 집에는 아주 튼튼한 금고가 있잖아요. 그런데 부자들은 귀중품을 누가 훔쳐갈까 봐 보관하는 게 걱정이래요. 그러니까 그런 귀중품을 대신 보관해 주면서 돈을 받는 거예요."

"오호, 그것도 좋은 방법이로군. 나는 남는 금고를 활용해서 좋고, 부자들은 안전해서 좋고."

샤일록 할아버지는 껄껄껄 크게 웃었어. 그것은 내가 처음으로 본 할아버지의 진짜 웃음이었어.

"좋아. 네 말대로 해 보자!"

"할아버지, 하지만 조건이 있어요. 이것은 제 아이디어니까 저와 계약서를 쓰셔야 해요."

"계약서라니? 너는 내 하인이지 않느냐?"

"제 몸은 하인이지만, 제 생각은 할아버지 것이 아니거든요."

난 여유 있게 말했어.

"좋다, 좋아. 어떤 계약서냐?"

"앞으로 이 사업을 해서 벌어들인 돈의 일부는 제게 주세요."

"뭐라고?"

"제가 앞으로 부잣집들을 돌아다니면서 돈을 빌려 오고, 귀중품들을 가져올 텐데, 그 정도도 못해 주세요?"

"내가 말 잘 듣는 하인을 집 안에 부른 줄 알았더니 영리한 여우를 불러 들였구나."

그렇게 말하는 할아버지의 표정도 그다지 기분 나쁜 것 같지는 않았어. 할아버지는 잠시 고민하다가 결국 내가 내민 계약서에 사인을 했어.

"하하하! 이제부터 저는 하인이 아니라 샤일록 할아버지의 동업자입니다."

나는 샤일록 할아버지와 함께 열심히 돈을 빌려 오고 또 빌려 줬어. 샤일록 할아버지를 나쁘게 보던 사람들도 점점 좋게 보기 시작했어. 우리는 아주 많은 돈을 벌었지만, 그것보다 더 소중한 것을 알게 됐어. 그것은 바로 돈이 최고가 아니라는 것이었지. 사람들은 나중에 샤일록 할아버지와 내가 한 사업을 은행이라고 불렀어.

아참, 샤일록 할아버지에게 빌린 10만 리라는 어떻게 됐냐고? 일 년도 안 되는 사이에 다 갚고 나는 오히려 20만 리라를 더 벌게 됐지.

더 알아보기

『베니스의 상인』은 어떤 내용일까요?

『베니스의 상인』은 16세기 극작가 윌리엄 셰익스피어가 쓴 희곡이에요. 셰익스피어는 영국의 시인이면서 최고의 극작가로 인정받는 작가예요. '햄릿', '리어왕', '오셀로', '맥베스', '로미오와 줄리엣' 등 많은 작품을 썼지요.

『베니스의 상인』은 1596년 이탈리아에 있는 물의 도시 베니스를 배경으로 펼쳐지는 이야기예요. 베니스는 베네치아라고도 부르지요. 그 당시는 유럽 해상 무역이 한창이던 시대였기 때문에 무역으로 벌어들이는 많은 돈이 베니스로 몰려들었어요.

베사니오는 베니스에 사는 청년이에요. 베사니오는 부잣집의 아름다운 딸인 포샤와 결혼을 하고 싶어 해요. 그러자면 많은 돈이 필요하지요. 베사니오에게는 친한 친구 안토니오가 있어요. 안토니오는 크게 사업을 하는 상인으로, 돈이 많은 친구지요. 베사니오는 안토니오에게 고민을 털어놓고 돈을 빌려 달라고 부탁해요. 그러나 안토니오는 당장 빌려 줄 돈이 없어요.

답답하던 안토니오는 고민을 하다가 샤일록이란 남자를 떠올리지요. 샤일록은 돈이 무척 많은 부자였지만, 돈을 빌려 주고 많은 이자를 요구하는 일을 해요. 이런 직업을 악덕 고리대금업자라고 하지요. 평소에 안토니오는 그런 샤일록을 비난해 왔어요.

하지만 안토니오는 친구를 위해 샤일록을 찾아가서 돈을 빌려 달라고 부탁하지요. 샤일록은 안토니오가 찾아오자 '옳다구나, 너 잘 왔다!'라고 생각 하지요. 샤일록은 돈을 빌려 주면서 무시무시한 조건을 내걸어요. 날짜까지 돈을 갚지 못하면 심장에서 가장 가까운 부분의 살을 1파운드 떼어낼 것이라는 계약을 요구해요. 안토니오는 말도 안 되는 계약 조건이지만, 친구 베사니오를 위해 계약을 맺어요. 안토니오는 돈을 갚을 자신이 있었으니까요.

베사니오는 안토니오에게 돈을 받고 신이 나지요. 베사니오는 바로 포샤에게 달려가 포샤와 결혼을 하지요. 그러나 그런 베사니오와 달리 안토니오는 큰 위기에 처하지요. 예상하지 못한 사고가 나서 샤일록에게 돈을 갚아야 할 날이 되었지만, 돈을 갚지 못해요. 그 소식을 들은 샤일록은 드디어 때가 왔다고 마음을 먹고는 계약 조건대로 안토니오의 살을 1파운드만큼 베어 내겠다고 하지요.

결국 재판이 시작됩니다. 샤일록은 재판장에서 "난 계약서에 있는 대로 하겠소!"라고 외치면서 가죽 끈에 칼을 갈아요. 빌려 간 돈의 10배를 돌려 주겠다고 해도 샤일록은 거절을 해요. 구경을 하는 사람들은 그 모습에 소름이 돋아요. 그때 판사인 포샤가 판결을 내려요.

"샤일록은 안토니오의 가슴 살 1파운드를 가져가라. 그러나 피는 한 방울도 흘려서는 안 된다!"

칼을 갈던 샤일록은 고개를 떨어뜨려요. 피를 한 방울도 흘리지 않고 살을 벨 수는 없으니까요. 사람들은 포샤 판사의 판결에 환호하고, 죽을 뻔한 안토니오가 살아나는 것으로 이 이야기는 끝나요.

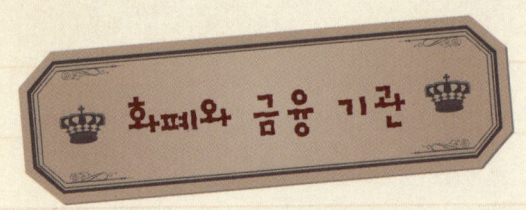

화폐와 금융 기관

화폐와 금융 기관은 어떤 역할을 할까요?

아주 먼 옛날에는 돈이 없었어요. 물론 돈을 보관하는 은행 같은 금융 기관도 없었지요. 그렇다면 어떻게 물건을 사고팔았을까요? 돈은 어떻게 돌고 도는 것일까요? 돈의 흐름과 금융 기관의 역할을 알아보도록 해요.

돈은 왜 생겨났을까?

주변을 둘러보세요. 우리가 생활하는 데 필요한 물건은 많아요. 하지만 이 물건들은 우리 손으로 만든 건 아니에요. 돈을 주고 사 왔지요.

아주 까마득한 옛날에도 그랬어요. 자신에게 필요한 물건을 모두 자기 손으로 만들 수는 없었어요. 아주 까마득한 옛날에는 돈이란 게 없었어요. 그래서 사람들은 자신이 가진 물건과 다른 사람이 만든 물건을 서로 교환했어요. 이것을 '물물교환'이라고 해요.

하지만 물물교환은 불편한 점이 많았지요. 예를 들어 내가 물고기를 갖고 있는데 쇠고기가 필요하다고 상상해 보세요. 물고기를 들고 다니려면 불편하고, 상하기도 쉽겠지요. 또 쇠고기를 가진 사람을 만났다고  해도, 그 사람이 물고기가 필요하지 않다고 하면 물물교환이 되지 않지요. 또 물고기를 몇 마리를 줘야 쇠고기 한 덩어리를 얻을 수 있는지 기준이 없었어요. 열 마리를 달라는 사람도 있고, 스무 마리를 달라는 사람도 있어서 물물교환을 할 때마다 거래가 쉽지 않았어요.

그래서 사람들은 물건의 가치를 정하기로 했어요. 쌀, 소금, 조개껍데기 같은 것으로 물건의 가치를 정했지요. 예를 들어 물고기 열 마리는 소금 한 바가지 또는 조개껍데기 열 개 등으로 정한 거예요. 쌀, 소금, 조개껍데기 같은 것이 바로 최초의 돈이었어요.

 하지만 쌀, 소금, 조개껍데기 같은 것도 들고 다니기 불편한 것은 마찬가지지요. 그래서 사람들은 금과 은 같은 귀한 금속으로 돈을 만들어 사용했어요. 그러나 세상의 모든 돈을 금과 은 같은 것으로 만들려면 금과 은이 엄청나

게 많이 필요했기 때문에 다른 모양으로 바뀌었어요. 그래서 지금처럼 동전, 지폐, 신용카드 같은 모양이 된 거예요.

돈이 하는 일은 무엇일까?

돈은 어떤 일을 할까요? 여러분이 가진 돈으로 장난감을 산다고 생각해 보세요. 돈이 하는 일을 금방 알 수 있어요.

첫째, 돈은 물건과 물건을 교환할 수 있도록 해 줘요. 만약 여러분에게 돈이라는 게 없다면, 장난감과 바꿀 다른 물건을 가져가야 할 거예요.

둘째, 돈은 물건의 가치를 정해 줘요. 돈이라는 게 없다면 장난감과 교환을 할 때 어떤 물건을 바꿔야 할지, 또 얼마나 많은 물건으로 바꿔야 할지 알 수 없을 거예요. 하지만 돈은 장난감의 가격이 얼마인지 알게 해 줘요.

셋째, 돈은 보관을 쉽게 할 수 있게 해 줘요. 만약 돈이라는 게 없다면 집에 물건으로 보관해야 하니까 불편했을 거예요. 도둑이 들 위험이 있고, 관리하기 힘들어지니까요. 물건을 돈으로 바꾸면 집에 보관하기 쉽고, 은행 같은 금융 기관에 돈을 보관할 수도 있지요.

돈은 어떻게 돌고 도는 것일까?

'돈'이란 돌고 돌기 때문에 돈이라고 부른다는 말이 있어요. 이 말처럼 돈은 세상을 끝도 없이 돌고 돌지요.

처음에 한국은행에서 돈을 얼마만큼 만들지 결정해요. 한국은행은 조폐 공사에 연락을 해서 돈을 만들라고 해요. 조폐 공사는 돈을 만드는 공장이에요. 조폐 공사에서는 지폐와 동전을 만들어 내지요. 이 돈을 다시 한국은행으로 보내면 한국은행에서 이 돈을 사회로 내보내요.

아빠와 엄마가 회사에서 일을 하고 돈을 받아요. 회사는 그 돈을 은행으로 넣어 주지요. 엄마와 아빠는 은행에서 돈을 찾아 가게에 가서 감자를 사요. 가게에서는 더 큰 시장에서 감자를 사오지요. 감자 농사꾼은 시장에 감자를 팔고 돈을 받지요.
감자 농사꾼은 그 돈을 은행에 저축해요. 이렇게 돈이란 것은 계속 돌고 도는 거지요.

그런데 돈이 찢어지거나 망가지면 그 돈은 어떻게 될까요? 그런 돈을 은행에 가져가면 새 돈으로 바꿔 줘요. 은행은 그런 망가진 돈을 한국은행으로 보내요. 한국은행은 망가진 돈을 모두 태워 버리고 태워 버린 만큼 조폐공사를 통해 새 돈을 만드는 거예요.

그렇다면 한국은행이 돈을 아주 많이 찍어 국민들에게 나눠 주면 우리나라 국민들 누구나 부자가 될 수 있지 않을까요?

하지만 그렇지 않아요. 돈을 많이 찍으면 돈의 가치가 떨어지지요. 돈의 가치가 떨어지면 물건을 살 때 많은 돈을 내야 해요. 예를 들어 만 원이면 살 수 있는 물건이 십만 원, 백만 원을 줘야 살 수 있을 정도가 되는 거지요. 이것을 '물가가 올라간다'라고 말해요. 은행에서 돈을 많이 찍으면 그만큼 돈의 가치가 떨어지기 때문에 돈을 아주 많이 찍어 낸다고 해도 부자가 되지는 못해요.

은행은 어떤 일을 할까?

은행은 금융 기관의 하나예요. 금융이란, 돈이 이동한다는 뜻이에요. 돈이 많은 곳에서 돈이 부족한 곳으로 이동하는 것을 금융이라고 하지요. 그러니까 금융 기관이란 돈을 이동시키는 일을 하는 곳이란 뜻이에요.

사람들은 남은 돈을 은행에 저축해요. 또 돈이 필요하면 은행에서 빌려와요. 내가 빌린 돈은 다른 사람이 저축한 돈이지요. 이렇게 은행을 통해 돈은 계속 이동해요.

은행이 하는 가장 큰 일은 돈을 보관하고, 빌려 주는 일이에요. 하지만 은행이 돈을 공짜로 빌려 주지는 않아요. 은행에 돈을 빌리려면 돈을 내야 해요. 이 돈을 '이자'라고 해요. 내가 많은 돈을 빌릴수록 더 많은 이자를 은행에 내야 해요. 은행에서 돈을 빌리는 것을 '대출'이라고 해요.

그러면 반대로 생각해 봐요. 내가 은행에 돈을 넣으면 은행도 내게 이자를 줄까요? 맞아요. 내가 돈을 은행에 넣으면 은행도 내게 이자를 줘요. 내가 빌릴 때 내는 이자보다는 적게 주지요.

예를 들어 내가 은행에 돈을 빌릴 때 은행에 내는 이자가 10만 원이라고 하면, 내가 은행에 돈을 넣었을 때 은행이 내게 주는 이자는 5만 원이에요. 남은 5만 원은 은행이 갖는 거지요. 은행은 그렇게 돈을 저축하는 사람과 돈을 대출하는 사람을 중간에서 연결해 주면서 돈을 버는 거예요.

이밖에 은행은 먼 곳으로 돈을 보내는 일을 해요. 이것을 '송금'이라고 하지요. 또 세금을 대신 내주는 일도 하고, 귀중품을 보관해 주는 일도 하지요.

은행 외에 어떤 금융 기관이 있을까?

은행 외의 금융 기관으로는 보험 회사와 증권 회사가 있어요. 보험 회사는 사고가 날 것을 미리 대비하는 곳이지요. 앞으로 어떤 사고가 날지 모르니까 사람들은 그 사고를 대비해 보험 회사에 돈을 내요. 우연한 사고가 나면 한꺼번에 많은 돈이 들어가니까 그런 일을 대비하는 거지요. 보험 회사는 그런 사람들을 많이 모아서 보험료를 받아 저축해 둬요. 그러다가 우연히 사고가 나면 보험 회사는 미리 모아둔 돈으로 사고를 해결할 수 있도록 도와주지요.

증권 회사는 주식을 사고파는 일을 하는 곳이에요. 주식이란 것은 회사에서 필요한 돈을 마련하려고 사람들에게 파는 증서예요. 이 주식은 돈과 같은 가치를 갖고 있어요. 그래서 사람들은 이 주식을 증권 회사를 통해서 사고팔지요. 증권 회사는 주식을 사고파는 일을 중간에서 연결해 주면서 돈을 버는 거예요.

『애덤 스미스』가 알려 주는 시장

2 다 가질 수는 없어요

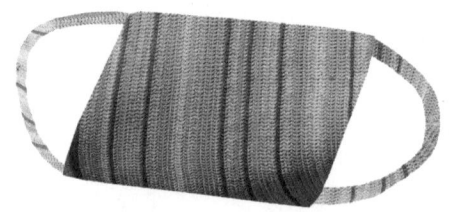

영국 런던의 템스 강에서 북쪽으로 멀지 않은 곳에 번잡한 거리가 있다. 이곳에는 코벤트 가든이란 쇼핑 타운이 있는데, 여기에 매우 특별한 시장이 있다. 어쩌면 세계에서 단 하나뿐일지도 모르는 시장, 바로 '마스크 시장'이다.

사람들은 나를 '마스크의 황제'라고 부른다. 내가 마스크 때문에 엄청나게 많은 돈을 벌었기 때문이다. 나는 열 살에 마스크를 발명했고, 이 마스크 시장도 내가 만들었다.

알겠지만, 런던은 기후가 좋지 않기로 소문이 난 곳이다. 일 년 중에 비가 오지 않는 날이 거의 없어서 사람들은 언제나 우산을 들고 다닌다. 날씨만 나쁘면 상관없지만, 런던은 공기마저 나쁘다.

공장에서 내뿜는 매캐한 연기가 축축한 공기에 젖어서 잿빛 도시를 가득 채운다. 그래서 사람들은 노상 기침을 하고, 병원에는 천식 환자들이 줄을 잇는다. 그런 이유로, 영국에서는 마스크를 쓰는 사람이 많아졌다.

　우리 마스크 시장에 오면 사람들은 깜짝 놀랄 수밖에 없을 것이다. 별의별 모양의 마스크들이 다 있기 때문이다. 그래서 특별한 마스크를 찾는 사람들이 일부러 멀리서 찾아 오곤 한다. 요즘은 마스크 시장이 외국에 알려져서 아시아와 미국의 무역상들이 찾아온다. 무역상을 통해 우리 마스크가 전 세계로 수출되는 것이다.

　내가 발명한 마스크가 이렇게 전 세계로 퍼질 줄은 미처 예상하지 못했다. 어머니와 함께 처음으로 이곳에서 마스크를 팔면서 이곳이 세계적인 마스크 시장이 될 줄도 상상하지 못했다. 이것은 우연히 만난 애덤 스미스라는 할아버지 덕분이다. 지금으로부터 사십여 년 전인 1770년, 내가 열 살이었던 시절로 거슬러 올라가 본다.

　'쿨럭쿨럭.'
　아빠는 날마다 기침을 했다. 우리 집은 런던에서 멀지 않은 곳에 있는 작은 마을에 있다. 원래 이곳에는 마을이 없었는데, 탄광이 개발되면서 마을이 만들어졌다. 아빠는 광부였다. 날마다 탄광에서 석탄을 캤다.

　아빠는 굴속에 들어가면 낮인지 밤인지 알 수가 없다고 했다. 하루종일 햇빛을 한 번도 보지 못한 적도 있다고 했다. 아침에 일찍 깊은 굴속으로 들어가면 밤이 깊어서야 나왔기 때문이다. 도시락도 탄광 속에서 먹었고, 용변도 탄광 속에서 해결한다고 했다.

　'쿨럭쿨럭.'
　아빠의 기침은 심했다. 아빠가 기침을 하면 콧물로 시커먼 탄가

루가 나왔다. 아빠는 하루 종일 탄가루를 들이마셨기 때문이다. 아빠는 밤에 잠이 들었다가도 쿨럭쿨럭 기침을 했다. 그 소리는 마치 썩은 나무가 밟혀 부러지는 소리 같았다. 나는 그 소리에 놀라 몇 번이고 잠에서 깼다가 다시 잠들었다.

엄마가 아빠를 위해 노란 스카프를 만들었다.

"여보, 이 스카프를 목에 감고 있다가 탄광에 들어가면 입을 가리세요. 그러면 탄가루를 덜 마실 거 아니에요."

아빠는 기쁜 얼굴로 스카프를 목에 매고 탄광으로 향했다. 하지만 아빠의 기침은 멈추지 않았다.

"여보, 왜 스카프를 쓰지 않으세요?"

"숨을 쉬는 게 불편해. 다른 사람하고 말하기도 어렵고. 턱 밑으로 스카프를 내렸다가 올렸다가 하기가 보통 불편한 게 아니야."

아빠가 기침을 하면서 말했다. 엄마의 얼굴은 어두워졌지만, 다른 방법이 없었다.

그날은 아빠의 생일이었다. 아빠를 위해 무엇을 해줄 수 있을까, 하고 나는 며칠 전부터 고민했다. 하지만 내 양철 저금통에는 1센트짜리 동전 세 닢밖에 없었다. 한 닢은 주웠고, 두 닢은 교회에서 일을 해주고 모은 돈이었다. 나는 이 세 닢으로 아빠를 위한 특별한 선물을 해주고 싶었다.

나는 동전 세 닢을 들고 거리를 돌아다녔다. 벼룩시장에 들렀을 때 내 눈길을 사로잡는 물건이 있었다. 그건 시곗줄이었다. 아빠의 시계는 너무 낡아 시곗줄이 끊어진 지 오래였다.

"이 시곗줄 얼마예요?"

"5달러야. 애들은 저리 가라."

시계 가게 주인은 나를 거지처럼 무시했다. 난 바닥에 침을 퉤 뱉고는 돌아섰다. 동전 세 닢으로 살 수 있는 물건은 없었다.

'쿵쿵짝짝, 쿵짝짝.'

어디선가 음악 소리가 울렸다. 구경꾼들이 모여든 틈 사이로 비집고 들어갔다. 원숭이가 북을 쳤고, 강아지가 재주를 넘었다.

"이 약을 한 번 먹어 봐. 어떤 병이든 다 고쳐. 만병통치약! 말더듬이가 먹으면 말을 안 더듬어. 절름발이가 먹으면 달리기 선수가 돼. 어서 먹어. 빨리 먹어. 비싼 돈 달라는 의사가 필요 없어."

나는 가슴이 콩닥콩닥 뛰기 시작했다. 아빠가 저 약을 마시면 기침이 바로 사라질 거란 생각이 들었다. 나는 약장수에게 동전 세 닢을 내밀었다. 하지만 약장수 아저씨는 고개를 저었다.

"한 병에 1달러야. 3센트로는 한 스푼밖에 줄 수 없어."

"제발요. 저희 아빠는 기침 때문에 잠을 못 주무세요. 제발 제게 은혜를 베푸세요."

　나는 두 손을 모아 간절하게 빌었다. 그러자 약장수 아저씨는 큰 인심을 쓰는 표정으로 두 스푼을 병에 따라 주었다. 집으로 향하는 내 발걸음은 마치 구름 위를 걷는 것 같았다.

　저녁 식사 시간에 온 가족이 모여 앉았다. 우리는 함께 기도했고, 다른 날보다 조금 특별한 감자 수프와 건포도가 섞인 빵을 먹기 시작했다. 나는 주머니에서 아빠의 생일 선물을 꺼냈다.

　"아빠, 생일 축하해요. 이건 만병통치약이에요. 아빠의 기침을 멎게 해줄 거예요."

　아빠는 물론이고 할머니와 엄마마저 눈을 휘둥그레 떴다. 아빠가 스푼에 만병통치약을 따라 마셨다.

　"으흠. 이건 설탕물이잖아?"

　아빠가 미소를 지었다. 할머니와 엄마도 맛을 봤다.

　"이건 설탕물이 분명해."

　"그럴 리가 없어요! 만병통치약이라고요!"

　나도 스푼에 혀를 댔다. 달짝지근한 그 맛은 설탕물이 분명했다.

　"설탕물을 마시고 기침이 나았다는 소리는 못 들었는데?"

　아빠의 말에 가족들이 모두 배를 잡고 웃었다. 나는 얼굴이 빨갛게 달아올랐다. 약장수한테 속은 걸 알게 됐다. 억울해서 견딜 수 없었다. 눈물이 볼을 타고 흘렀다. 아빠는 그런 나를 안아 주었다.

　"설탕물이면 어떠니? 달콤한 맛이 아빠를 행복하게 하는구나!"

　밤새 아빠의 기침은 여전히 멈추지 않았다.

허리가 굽으셨지만 우리 할머니는 뜨개질을 아주 잘하셨다. 할머니는 뜨개질로 못 만드시는 물건이 없었다. 양말, 목도리, 장갑, 모자……. 할머니는 아빠를 위해 옷을 짜 주신다고 했다. '나도 뜨개질을 할 줄 알면 아빠를 위해 선물을 해줄 수 있을 텐데.' 하는 생각이 들었다. 그래서 할머니 옆에 앉아 뜨개질을 배웠다. 나는 아빠의 입과 코로 들어가는 탄가루를 막아 줄 가리개를 만들고 싶었다.

 일주일 동안 고생했더니 드디어 가리개가 만들어졌다. 귀에 걸 수 있도록 가면처럼 귀걸이도 만들었다. 그런데 엄마와 할머니는 내 가리개를 보고 폭소를 터트렸다.

 "프랭클린, 그렇게 구멍이 숭숭 나 있으면 탄가루를 어떻게 막겠니? 하나마나 아닐까?"

 엄마의 말씀이 맞았다. 내가 촘촘하게 뜨지 못해서 그런 거였다. 나는 아직 그 정도 솜씨가 없었다.

 밤늦게 아빠가 돌아왔다. 아빠는 감자를 먹다가 말고 식탁에 놓인 내 가리개를 봤다. 아빠는 장난삼아 얼굴에 썼다.

 "숨 쉬는 건 편한 걸. 말하기도 편해. 아주 훌륭해."

 아빠가 농담을 하는 걸 알았지만, 나는 기분이 좋았다.

 다음 날 아침, 가리개를 쓰고 놀다가 내 머릿속으로 좋은 생각이 번쩍 떠올랐다. 난 할머니에게 달려갔다.

"할머니, 이걸 조금만 더 촘촘하게 짜면 될 것 같아요. 그리고 거칠거칠한 모가 아니라, 부드러운 면실로 짜면 좋겠어요. 코가 있는 쪽을 조금 높게 세워 주세요. 그러면 숨 쉬기도 좋고, 말하기도 편하고, 탄가루도 막아 줄 수 있겠어요."

할머니는 지금 그런 장난감을 만들 시간이 없다고 했다. 하지만 나는 포기하지 않고 할머니를 계속 졸랐다. 할머니는 귀찮아하시면서도 번개 같은 솜씨로 가리개를 완성했다.

"이걸 마스크라고 부르겠어요. 가면처럼 귀걸이가 있으니까요."

그런데 아빠는 새로 만든 마스크를 무척 마음에 들어하셨다.

"하루 종일 쓰고 있어도 답답하지 않아. 탄가루도 분명히 덜 들어오고. 이것 참 대단한 물건이야!"

나는 만세를 불렀다. 아빠는 더 놀라운 얘기를 했다.

"다른 광부들이 어찌나 부러워하던지. 자기들도 만들어 달라고 부탁하지 뭐야."

"마스크를 많이 만들려면 부드러운 면실을 사야 해서 재료비가 많이 들 텐데요."

엄마가 걱정스럽게 말했다.

"걱정 말라고. 재료비로 쓰라고 광부들이 돈을 챙겨 줬으니까."

다음 날부터 우리 가족은 신이 나서 마스크를 만들었다.

"엄마, 마스크를 더 만들어서 광부 아저씨들에게 팔면 어떨까요?"

"프랭클린, 이런 걸 누가 돈을 주고 사겠니?"

"혹시 모르잖아요. 재료가 남으니까 더 만들어서 팔아 봐요."

우리는 스무 개 정도의 마스크를 만들었다. 그리고 엄마와 함께 탄광 회사 앞으로 가져갔다.

"엄마, 마스크를 얼마 받아야 할까요?"

"재료비가 한 개당 35센트가 들었으니 50센트만 받자구나. 하나를 팔면 15센트가 남는 거야."

"마스크 사세요! 탄가루가 들어오는 걸 막아 주는 마스크! 숨 쉬기도 편하고, 말하기도 편하고, 부드러운 마스크!"

지나가던 광부들이 호기심에 얼굴에 써 보기 시작했다. 코를 킁킁 대면서 숨을 쉬고, 서로 말을 했다. 광부 아저씨들은 생각한 것보다 훨씬 만족하는 표정을 지었다. 우리가 가져간 스무 개의 마스크는 순식간에 다 팔렸다. 엄마와 나는 너무 놀라 기쁘기보다 어리둥절했다.

집으로 돌아온 엄마는 할머니와 함께 밤새도록 마스크를 만들었다. 우리는 아침 일찍 탄광 앞에서 마스크를 팔았다. 마스크는 불티나게 팔렸다. 그렇게 보름 동안 우리 식구가 만들어 판 마스크가 300개가 넘었다.

"프랭클린, 우리가 돈을 많이 벌었어. 150달러나 벌었구나."

"엄마, 우리 부자 된 거예요?"

"지금은 아니지만 앞으로 부자가 될 거야!"

엄마는 신이 나서 목소리가 높아졌다. 엄마의 얼굴이 활짝 핀 장미 같았다. 엄마는 150달러를 모두 마스크 짜는 재료를 사는 데 썼다.

그런데 그 다음부터 예상하지 못한 문제가 벌어졌다. 마스크가 점점 팔리지 않는 거였다. 엄마와 나는 밤까지 추운 바람을 맞으며 발을 동동 굴렀지만, 마스크는 세 개밖에 팔리지 않았다.

나는 마스크를 사라고 고래고래 소리를 질렀지만, 광부 아저씨들은 바삐 탄광으로 들어가 버렸다. 어렵게 번 150달러가 모두 날아갈 판이었다.

"어떻게 된 일이지? 왜 마스크가 안 팔리는 걸까?"

엄마와 나는 얼굴이 파랗게 될 정도로 바들바들 떨었지만, 추운 줄 몰랐다. 팔지 못한 마스크에 대한 걱정이 컸기 때문이다.

그때 우리 앞에 마차가 섰다. 그 마차는 탄광 회사에서 나온 마차였다. 마차에서 어떤 할아버지가 내렸다. 나는 할아버지가 마스크를 살 거라고 생각하지 않았다. 할아버지는 광부처럼 보이지 않았으니까. 그런데 할아버지는 마스크를 대단히 신기한 물건처럼 바라봤다.

"이게 광부들이 하고 있던 마스크라는 물건이로구나. 놀라운 발명품이야."

"그러면 뭐해요? 이제 망하게 생겼는걸."

나는 투덜거렸다.

"허허허, 안 팔리는 게 당연하지."

할아버지가 웃었다. 약을 올리는 것 같아 기분이 나빠서 나는 할아버지를 노려봤다.

"이 마스크가 팔리지 않는 건 여기 탄광 광부들은 모두 샀기 때문이에요. 내가 조사를 할 일이 있어서 탄광에 잠시 들렀더니 광부들이 예전보다 숨 쉬는 소리가 편해졌더군요. 모두 이 마스크 덕분이겠지요."

"마스크를 더 팔려면 어디로 가야 할까요? 다른 탄광을 찾아가야 할까요?"

엄마가 걱정스러운 얼굴로 물었다.

"흠, 내가 보기에는 탄광을 찾을 필요는 없어요. 이 마스크는 광부뿐만 아니라 영국 사람이라면 누구라도 필요한 물건이니까요. 아시겠지만, 지금 런던 시민들은 석탄 가루와 공장에서 나는 불쾌한 연기를 마시면서 살고 있습니다. 런던 공기는 아주 안 좋아요. 예전에 나무를 연료로 쓸 때에는 이렇게 공기가 나쁘지 않았는데, 석탄을 쓰게 되니까 공기가 매캐하고 기침이 심해졌어요. 그러니 이 마스크를 런던 시내에서 팔아 보세요."

엄마는 결정을 내리지 못해 망설였다.

"마침 런던 시내로 가는 길입니다. 마차로 태워다 주겠어요."

나는 엄마를 졸라 할아버지의 마차에 올라탔다. 할아버지는 우리를 런던 시내의 코벤트 가든에 내려줬다.

"여기는 오가는 사람들이 많습니다. 여기서 한 번 장사를 해 보세요. 낯선 물건이라서 금방 사지는 않겠지만, 꾸준하게 선전을 해 보세요."

나는 탄광 앞에서 했던 것처럼 고래고래 소리를 지르면서 마스크를 팔기 시작했다. 할아버지의 말대로 처음에는 사람들이 무관심했다. 그러다가 하나둘 호기심을 갖고 얼굴에 써 보았다. 사람들이 점점 몰려들었다. 거리의 가로등에 불이 켜졌을 즈음 우리가 가져온 마스크는 다 동났다.

"성공이야, 엄마! 마스크 장사가 성공이야!"

다음 날에도 우리는 마스크를 팔았고, 그 다음 날에도 마스크를 팔았다. 마스크는 날마다 잘 팔렸다.

"오늘부터 마스크 가격을 1달러로 올려야겠구나. 그러면 돈을 두 배로 벌 수 있을 거야."

엄마는 마스크 가격을 올려서 팔기 시작했다. 사람들이 마스크를 사러 왔다가 1달러라는 말을 듣고는 다시 돌아갔다.

"너무 비싸요. 1달러까지는 줄 수 없어요."

하루에 오십 개씩 팔리던 마스크는 가격을 올리자 다섯 개밖에 팔리지 않았다.

"엄마, 다시 가격을 내려요. 이러다가는 또 장사가 망하겠어요."

"아니야. 기다리면 다시 손님이 찾아올 거야. 언제까지 물건을 싸게 팔고만 있을 수는 없어."

엄마는 고집을 부렸다.

"안녕! 마스크 장사는 잘 되니?"

지난번 탄광에서 만난 할아버지였다. 할아버지가 마차를 타고 지나가다가 잠시 들른 것이다.

"엄마 때문에 장사가 망하게 생겼어요. 엄마가 가격을 너무 올려버렸어요."

나는 속이 상한 얼굴로 투덜댔다.

"마스크 가격을 어떻게 정해야 할지 몰라서 1달러로

올려봤더니 그만…….”

엄마가 걱정스러운 목소리로 말했다.

"아하, 가격을 너무 올리면 물건이 팔리지 않아요. 수요와 공급에 맞춰서 적절하게 올려야 하지요."

"수요와 공급이 뭐예요?"

내가 물었다.

"수요는 마스크를 사려는 사람이고, 공급은 마스크를 팔려는 사람이지. 마스크를 사려는 사람은 조금이라도 마스크를 싸게 사고 싶어 해. 하지만 반대로 마스크를 파는 사람은 조금이라도 마스크를 비싸게 팔고 싶어 하지. 그래서 마스크를 사려는 사람과 마스크를 팔려는 사람의 가격이 서로 맞아야 거래가 이뤄지지."

"아하, 수요와 공급이 서로 알맞게 어뤄지면 가격이 결정되는 거구나."

"그래, 보이지 않는 손이 저절로 가격을 정해 주지. 내 생각에는 70센트 정도로 올려보는 게 좋을 것 같구나."

할아버지의 말대로 70센트로 마스크를 팔자 마스크는 다시 잘 팔리기 시작했다. 우리 가족의 마스크 장사는 그렇게 계속됐다.

엄마와 나는 코벤트 가든 구석에 작은 가게를 마련했다. 가게의 이름은 '프랭클린의 헬로우 마스크'였다. 세계 최초로 마스크를 전문적으로 파는 가게였다.

그런데 예상하지 못한 문제가 일어났다. 우리 가게가 장사가 잘

되자 우리 마스크를 본따 마스크를 만들어 파는 가게들이 하나둘 생기기 시작한 것이다. 처음에는 기분이 나빠서 서로 싸운 적이 있었지만, 주변에 하나둘 생기는 마스크 가게를 막을 수는 없었다.

마스크 가게들은 점점 더 들어섰고, 십여 곳으로 늘어났다. 나는 우리 가게가 망할까 봐 겁이 났다. 그런데 신기하게도 우리 가게는 계속 장사가 잘 되었다. 오히려 손님은 더 늘어났다.

"여기 거리가 마스크 시장이라고 소문이 났더구나. 여기에 오면 온갖 종류의 마스크를 다 볼 수 있으니까. 그래서 먼 곳에서 일부러 마스크를 사러 찾아오는 거야."

할아버지의 말씀처럼 많은 사람들이 찾아왔다. 마스크 시장은 유명해진 터라 외국에서 무역상들이 찾아왔다. 우리는 런던 시민뿐만 아니라 외국으로 마스크를 수출할 정도가 됐다.

"마스크 시장은 도매 시장이라 다른 곳보다 훨씬 마스크를 싸게 살 수 있군요. 역시 전문 시장에서 물건을 사야 품질 좋고 싼 가격에 물건을 살 수 있다니까요."

마스크 시장에서는 마스크의 가격이 언제나 똑같지 않았다. 할아버지의 말대로 보이지 않는 손이 가격을 결정했다. 마스크를 사겠다는 사람이 많으면 가격이 올라갔고, 공장에서 마스크를 많이 만들어 내놓으면 가격이 내려갔다.

나는 마스크의 황제가 됐다. 나를 성공시킨 것은 할아버지의 조언 덕분이었다. 나중에 알게 됐지만, 그 할아버지의 이름은 애덤 스미스였다. 그분은 세계 최고의 경제학자였다.

더 알아보기

『애덤 스미스』는 누구일까요?

애덤 스미스(Adam Smith, 1723년 6월 5일~1790년 7월 17일)는 스코틀랜드의 유복한 집안에서 태어난 정치경제학자이자 철학자예요. 애덤 스미스는 '경제학의 아버지'라고 불릴 만큼 고전 경제학의 대표적인 이론가예요. 애덤 스미스하면 〈국부론〉이란 책을 빼놓을 수 없어요.

애덤 스미스가 쓴 〈국부론〉은 경제학 분야에서는 무척 유명한 책이에요. 이 책은 경제학을 공부하는 학생이라면 누구나 반드시 읽어야 할 고전이라고 할 정도지요. 나중에 칼 마르크스라는 사회학자가 〈자본론〉이란 책을 썼어요. 〈자본론〉은 인류의 역사에 변화를 줄 만큼 중요한 책이지요. 칼 마르크스가 〈자본론〉을 쓸 때 참고를 한 책이 바로 애덤 스미스가 쓴 〈국부론〉입니다. 〈국부론〉이 없었다면 〈자본론〉도 있을 수 없었고, 역사의 변화도 없었을 것입니다. 〈국부론〉은 경제뿐만 아니라 사회, 역사, 교육, 종교, 철학 등 사회의 다양한 분야를 종합적으로 분석하고 있는 사회과학서이기도 해요.

애덤 스미스는 〈국부론〉을 낸 후 당시 최고의 사상가로 인정을 받았어요. 애덤 스미스는 이런 말을 했어요.

"우리가 날마다 식사를 마련할 수 있는 것은 푸줏간, 양조장, 빵집 주인의 자비심 때문이 아니라 그들의 이기심 때문이다."

이 말의 뜻은 우리가 밥을 먹을 수 있는 것은 식품을 파는 가게 주인이 우리에게 베푸는 것이 아니라, 가게 주인이 돈을 벌기 위해서 식품을 팔 뿐이라는 뜻이에요. 시장의 그런 기능이 저절로 물건을 공급하는 것이지요.

이렇게 어떤 물건을 얼마나 생산할 지를 결정해 주고 물건의 적당한 가격을 결정해 주는 시장의 기능을 애덤 스미스는 '보이지 않는 손'이라고 불렀어요.

애덤 스미스는 또 이런 말도 남겼어요.

"가난을 피하고 부자가 되고 싶다는 인간의 마음은 물질적인 필요 때문이 아니다. 주위로부터 존경받고 대접받고자 하는 허영심에서 나온다."

이 말의 뜻은 사람이 부자가 되려는 것은 많은 돈이 필요해서가 아니라, 다른 사람들에게 존경받고 대접받고 싶은 마음 때문이라는 거예요.

여러분은 애덤 스미스가 남긴 이런 말에 대해 어떻게 생각하나요? 맞는 것 같은가요? 아니면 틀린 것 같은가요? 분명한 것은, 지금도 애덤 스미스가 남긴 말들을 많은 학자들이 인용하면서 사회 현상을 설명하고 있다는 것이지요.

시장은 어떤 역할을 할까요?

　사람들은 필요한 물건이 있으면 시장에 가요. 마트나 백화점도 시장의 한 종류예요. 만약 시장이 없다면 우리는 필요한 물건을 사려고 이곳저곳 돌아다녀야 했을 거예요. 시장이 있기 때문에 우리는 필요한 물건을 한 곳에서 살 수 있지요. 그런데 시장에서 파는 물건의 가격은 어떻게 정해진 것일까요? 시장은 왜 생겼고, 가격은 어떻게 정해지는지 알아봐요.

시장은 왜 생겨났을까?

아주 옛날에는 시장이란 것이 없었어요. 그때 사람들은 물건을 구하려면 그 물건이 나는 장소까지 찾아가야 했어요. 소금이 필요하면 소금이 나는 곳까지 가서 물물교환을 해야 했고, 그릇이 필요하면 그릇을 만드는 곳에 가서 구해 와야 했지요. 물건을 팔고 싶은 사람은 물건을 사려는 사람을 찾아다녀야 했어요. 그릇을 만들어 등에 지고 그릇을 살 사람을 찾아다녀야 했으니 보통 불편한 일이 아니었지요.

그러다가 교통이 무척 편리한 곳에 물건을 파는 사람과 물건을 사는 사람들이 자주 모이는 곳이 생겼어요. 이곳저곳 떨어진 곳에 사는 사람들이 모이려면 교통이 편리해야 했지요. 그렇게 해서 생긴 곳이 바로 '시장'이에요.

시장이 생기자 물건을 파는 사람도, 물건을 사는 사람도 참 편해졌어요. 물건을 사는 사람은 물건을 사려고 여기저기 헤매고 다닐 필요가 없어졌어요. 물건을 파는 사람도 마찬가지였어요.

시장에는 같은 물건을 파는 사람이 많았어요. 그릇을 파는 사람이 여럿 있었지요. 그래서 그릇을 사려는 사람은 더 좋고, 더 싼 그릇을 사려고 여러 물건을 비교했어요. 그릇을 파는 사람은 그릇을 많이 팔려고 더 싸게, 더 좋게 그릇을 만들었어요. 그렇게 경쟁을 하게 되면서 물건의 품질이 좋아지고, 가격도 더 싸지게 된 거예요.

시장은 어떤 곳에 생길까요?

옛날과 같은 시장을 지금은 재래시장이라고 불러요. 재래시장은 교통이 편리해서 사람들이 찾기 쉬운 곳에 만들어졌어요. 하지만 지금은 조금 다르지요.

재래시장이 아닌 마트나 백화점, 대형 할인점 등은 주차장이 잘 갖춰진 곳에 만들지요. 사람들이 장을 보러 갈 때 걸어가지 않고 차를 타고 가기 때문이에요.

특히 요즘은 인터넷 쇼핑과 TV 홈쇼핑이 발달했어요. 그래서 직접 시장에 가지 않고, 집에서 인터넷이나 TV를 통해 필요한 물건을 사요. 앞으로 인터넷 쇼핑이 더욱 발전하면 시장은 장소와 상관이 없어질지도 모르지요.

시장에는 어떤 종류가 있을까요?

무엇을 파는지에 따라 시장을 구분할 수 있어요. 곡식 같은 농산물을 파는 시장을 농산물 시장이라고 해요. 또 가구를 파는 시장을 가구 시장이라고 하고, 생선이나 조개 같은 수산물을 파는 시장을 수산물 시장이라고 하지요. 과일과 채소를 파는 청과물 시장, 꽃을 파는 꽃 시장, 전자 제품을 파는 전자 상가도 있어요. 이런 전문 시장을 찾아가면 품질이 좋은 물건을 더 싸게 살 수 있어요. 물건을 파는 사람들이 서로 더 많이 팔려고 경쟁을 하기 때문이지요.

누구에게 파는지에 따른 시장의 종류를 알아보자면, 소매시장과 도매시장으로 나눌 수 있어요. 소매시장은 물건을 사용할 사람에게 직접 물건을 파는 곳이에요. 물건을 사용할 사람을 소비자라고 해요.

도매시장은 물건을 사용할 사람이 아니라, 물건을 파는 사람(상인)에게 물건을 파는 곳이에요. 상인들은 도매시장에서 싼 값으로 물건을 사서, 그 물건에 이익을 붙여 소비자에게 파는 것이에요.

그러면 도매시장에 가면 물건을 싸게 살 수 있을까요? 맞아요. 도매시장은 소매시장보다 물건 가격이 쌉니다. 그래서 일부러 도매시장까지 찾아가 물건을 사는 사람들이 있어요. 하지만 도매시장은 상인들이 주로 사는 곳이라서 물건을 낱개로 팔지 않고, 묶음으로 팔기 때문에 적은 물건을 사려는 소비자에게 적합하지 않아요.

가격이란 무엇일까요?

　물건에는 모두 가격이 있어요. 가격이란 물건의 가치를 돈으로 나타낸 것이지요. 가격은 물건에만 있는 것이 아니에요. 사고파는 모든 것에는 가격이 있지요.

　아빠가 직장에서 일을 하면 얼마를 받는다는 것도 가격이에요. 아빠가 한 일에 대한 가치를 돈으로 나타낸 것이지요. 미장원에 가서 머리를 깎으면 얼마를 낸다는 것도 가격이에요. 미장원의 미용사가 머릴 깎은 일에 대한 가치를 돈으로 나타낸 것이지요. 이처럼 가격은 사람이 하는 일을 정하기도 해요.

　가격은 자꾸 바뀌어요. 가격이 싸지기도 하고, 가격이 비싸지기도 하지요. 같은 물건이 어떤 곳에서는 싼데, 다른 곳에 가면 비싸요. 가격은 왜 자꾸 바뀌는 것일까요?

수요와 공급이란 무엇일까요?

　가격이 바뀌는 것은 수요와 공급 때문이에요. 수요란 사람들이 사려고 하는 것이에요. 자동차가 필요해서 자동차를 사려고 한다면 자동차의 수요가 있다고 말하지요. 공급이란 팔려고 하는 것이에요. 수요하고는 반대지요. 자동차를 많이 팔기 위해 많이 생산했다면 자동차의 공급이 많다고 하지요.

　자동차를 사려는 사람은 조금이라도 자동차를 싸게 사고 싶어 해요. 하지만 반대로 자동차를 파는 사람은 조금이라도 자동차를 비싸게 팔고 싶어 하지요. 그래서 자동차를 사려는 사람과 자동차를 팔려는 사람은 가격 흥정을 해요. 서로 알맞은 가격이 되면 자동차는 팔리지요. 이처럼 수요와 공급이 서로 만나는 지점에서 가격이 결정돼요.

『허생』이 알려 주는 수요와 공급의 원리

3 물건이 없으면 가격이 올라가요

　칠석이는 쌀 주머니를 들고 뒷마당으로 살금살금 갔습니다. 주위에 누가 있는지 살피고는 작은 고추장 항아리를 열었습니다. 주머니 안에서 한 움큼의 쌀을 집어 고추장 단지 안에 넣었습니다. 항아리 안을 들여다 보니 쌀이 항아리를 가득 채우고 있었습니다.
　'거의 다 차 가네. 드디어 댕기를 살 수 있겠구나.'
　칠석이는 서당에서 허드렛일을 합니다. 서당에 오는 도령들 책보도 날라 주고 마당을 쓸기도 하지요. 그래서 친구들은 칠석이를 책 도령이라 부른답니다. 오늘은 서당 훈장님이 쌀을 주셨습니다. 칠석은 서당에서 쌀을 받아올 때마다 한 움큼씩 쌀을 덜어내어 단지에 모았습니다. 아무도 모르게 말입니다.
　지난번 장에 갔을 때 칠석이는 예쁜 자수 댕기를 하나 봐 두었습니다. 주변 사람 몰래 방물장수에게 물어 보니 엽전 두 푼이라고 했습니다. 엽전 두 푼이면 아마 쌀 한 되 정도 될 것입니다. 작은 고추장 단지 하나면 충분히 쌀 한 되를 채울 수 있을 것입니다. 칠석이는 그날부터 쌀을 열심히 모으고 있습니다.

앞마당으로 돌아오면서 칠석이는 옆집 마당을 힐긋 쳐다보았습니다. 순이가 마당에 널어 두었던 빨래를 걷고 있었습니다. 칠석이는 자기도 모르게 순이를 보고 배시시 웃었습니다. 칠석이를 본 순이는 새침하게 못 본 척 방으로 들어가 버렸습니다.

"형, 거기서 뭐해?"

동생이 방문을 열고 나오면서 물었습니다.

"아무것도 아니야. 배고프지, 얼른 저녁 먹자."

'순이도 분명히 그 댕기를 보면 좋아할 거야.'

칠석이는 다음 장날에는 빨간 자수 댕기를 반드시 사야겠다고 결심했습니다.

칠석이의 항아리가 드디어 가득 찼습니다. 칠석이는 항아리를 들고 장터로 갔습니다. 몇 일째 비가 와서인지 장터에는 사람이 적었습니다. 방물장수는 어떤 아가씨와 실랑이를 하고 있었습니다.

"그렇게는 안 된대도. 물건이 없어서 부르는 게 값이에요. 아가씨."

방물장수 아주머니는 아가씨가 들고 있는 댕기를 도로 가져갔습니다. 아가씨는 댕기를 두고 가면서 계속 뒤를 돌아보았습니다. 칠석이처럼 그 댕기를 정말 사고 싶었나 봅니다.

"아주머니, 저 빨간 자수 댕기 주세요."

칠석이는 쌀 항아리를 아주머니에게 내밀며 말했습니다.
"이 댕기는 쌀 항아리 하나 가지고는 못 사요."
아주머니는 항아리를 칠석에게 다시 돌려주며 말했습니다.
"지난달에 두 푼이라고 하셨잖아요."
아주머니는 가엾다는 표정으로 칠석이를 보며 말했습니다.
"아까 왔던 아가씨와 똑같은 말을 하네. 지난달에는 두 푼이었지만, 요즘은 세 푼으로 올랐어요."
칠석이는 갑자기 올라 버린 댕기 가격에 속상해서 주저앉아 버렸습니다. 아주머니는 칠석이가 안됐는지 다른 댕기를 들어서 보여 주었습니다.
"이 댕기도 예쁜데. 자수는 없지만 색깔이 곱잖아요."
아주머니는 파랑색의 다른 댕기를 보여 주었습니다.
"저는 빨강색 자수 댕기를 사고 싶어요. 이 파란 댕기는 마음에 안 드는걸요."
칠석이는 아주머니가 보여 주는 댕기를 가만히 내려 놓았습니다.
"두 푼 가지고는 이 파란 댕기 밖에 살 수 없어요. 이 파란 댕기를 사던가, 아니면 세 푼을 가져오세요."
아주머니는 다른 손님이 오자 그 손님에게 물건을 보여 주기 시작했습니다. 칠석이는 왜 갑자기 댕기값이 이렇게 올라버렸는지 알 수 없었습니다. 칠석이는 기운이 빠져 항아리를 옆에 끼고 터덜터덜 집으로 돌아왔습니다.

칠석이는 가만히 누워 천장을 쳐다보았습니다. 왜 댕기값이 올랐을까 곰곰이 생각하던 칠석이는 벌떡 일어났습니다.

'댕기값이 올랐다는 것은 언젠가 내릴 수도 있다는 거잖아.'

영원히 빨강 자수 댕기를 살 수 없을 것이라 생각했던 칠석이는 갑자기 희망이 보였습니다.

'그래, 매일 방물장수에게 가 보는 거야. 두 푼일 때 다시 사면 되잖아.'

칠석이는 댕기를 두 푼에 파는 날이 빨리 왔으면 좋겠다고 생각하면서 잠이 들었습니다.

다음 날도 계속 비가 내렸지만 칠석이는 서당 일이 끝나자마자 부리나케 방물장수에게 달려갔습니다.

"오늘은 빨강 자수 댕기가 얼마예요?"

"어제 왔던 도령이네. 세 푼이라고 말했잖아요."

칠석이는 매일 방물장수를 찾아가서 빨강 자수 댕기 값을 물었습니다. 하지만 댕기 값은 떨어지기는커녕 자꾸 높아만 갔습니다.

며칠이 지났습니다. 이제 댕기 값은 세 푼이 아니라 네 푼으로 올랐습니다. 칠석이는 빨강 자수 댕기가 점점 더 멀어지는 것 같아 마음이 아팠습니다. 방물가게 앞에 쭈그리고 앉아 댕기만 멍하니 쳐다보고 있었습니다.

"무엇을 그렇게 열심히 보나."

칠석이는 옆도 돌아보지 않고 건성으로 대답했습니다.

"빨강 자수 댕기요."

"도령이 자수 댕기는 뭐하려구?"

"순이 사다 주려구요."

대답을 하다 번득 정신을 차린 칠석이는 버럭 화를 내면서 옆을 쳐다봤습니다.

"살 수 없어 속상해 죽겠는데, 그런 건 왜 물어요?"

옆에는 누런 도포에 더덕더덕 기운 갓을 쓴 선비가 칠석을 쳐다보고 있었습니다.

"왜 매일 여기를 찾아오나 궁금해서 물어본 걸세."

자꾸 올라가는 댕기 값에 심통이 났던 칠석은 빈정대듯 선비를 쳐다보며 말했습니다.

"댕기 가격이 언제 떨어지나 보려고 매일 오는 거예요. 왜요? 선비님이 댕기 가격이 왜 올랐는지 알려 주기라도 하시려고요?"

"심심한데, 나랑 놀아 주면 알려 줄 수도 있지."

허름한 차림의 선비는 천천히 일어나 부두 쪽으로 걸어갔습니다. 행색은 초라했지만 또렷한 눈은 정말 무엇인가 답을 알려줄 수 있을 것만 같았습니다. 칠석은 마치 자석에 끌리듯 선비를 따라 한참을 걸었습니다.

"다리도 아픈데, 여기서 잠깐 쉴까?"

선비는 비에 젖은 바위에도 아랑곳하지 않고 털썩 걸터앉았습니다.

"자네는 댕기 가격이 왜 오르는 것 같은가?"

"그걸 제가 알면 선비님을 따라 왔겠습니까?"

칠석이는 퉁명스럽게 말했습니다.

"그럼 내 얘기를 한번 들어보겠는가?"

선비는 느릿느릿 이야기를 시작했습니다.

"몇 년 전 나는 한양에 살았다네. 그때 변 부자라는 사람에게 만 냥을 꾸어 장사를 시작했지. 그리고 곧장 안성으로 내려갔네."

선비는 지난날을 마치 남의 이야기 하듯 들려 주었습니다.

"안성은 충청도, 전라도, 경상도 삼남 지역에서 한양으로 가려면 반드시 거쳐야 하는 곳이지. 나는 그곳에 진을 치고 앉아 삼남에서 올라오는 과일을 무조건 사들였네. 나는 사람들이 부르는 대로 과일값을 쳐 주었지. 다들 머지않아 쫄딱 망할 것이라고 손가락질을 했다네. 그런데 얼마 지나지 않아 나에게 과일을 팔았던 사람들이 몇 배로 값을 쳐줄 테니 다시 팔라고 찾아오기 시작하더군. 나는 과일 장사로 열 배 이상의 이득을 남겼다네."

칠석이는 많은 이득을 남겼다는 선비의 말을 믿을 수가 없었습니다. 그렇게 많은 돈을 벌었다면 행색이 그렇게 초라하지는 않을 테니 말입니다.

칠석이는 선비의 장난에 속아 넘어간 것 같아 속이 상했습니다. 칠석은 벌떡 일어났습니다.

"과일 장사들이 왜 다시 열 배나 많은 돈을 주고 과일을 사 갔는지 궁금하지 않은가?"

칠석이는 뻥쟁이 선비의 말에 믿음이 가지 않았지만 이왕 여기까지 왔으니 들어나 보자 생각했습니다.

"왜 그랬는데요?"

칠석이는 선비를 쳐다보며 슬그머니 자리에 다시 앉았습니다.

"내가 과일을 전부 다 사 버렸거든. 과일을 파는 사람은 나 혼자인데, 과일이 필요한 사람이 많으니 당연히 열 배라도 주고 사 갈 수밖에."

칠석이는 뭔가 깨달은 듯 반짝이는 눈으로 선비를 쳐다보았습니다.

"그렇다네. 원래 가격은 팔 사람과 살 사람이 서로 각자 원하는 돈에서 결정이 나는 것이지. 살 사람도 많고, 팔 사람도 많으면 서로 원하는 조건을 찾아서 거래를 하면 되고. 그런데 팔 사람이나 물건 양은 정해져 있고 살 사람은 많다고 생각해 보게. 살 사람이 많아지면 팔 사람은 조금이라도 더 많은 돈을 내려는 사람에게 물건을 팔고 싶겠지. 사는 사람도 가격이 비쌀 때보다 가격이 쌀 때 더 많이 사려고 하고."

선비의 말을 듣고 보니 댕기 가격이 올라가는 이유를 조금은 알 것만 같았습니다. 지난달부터 비가 많이 와서 섬에 물건이 많이 들어오지 못했거든요. 선비의 말을 이해한 칠석이는 자신이 대견해져서 큰 소리로 말했습니다.

"그러니까, 섬에 있는 댕기의 숫자는 정해져 있는데, 사람들은

계속 사려고 하니까 댕기 가격이 올라갔다는 거지요?"

선비는 칠석이의 말을 듣고 흐뭇한 듯 고개를 끄덕였습니다.

"그럼 어디로 가야 댕기 가격이 내려갈지 알 수 있겠나?"

"배가 들어오는 부둣가지요."

"그렇지. 물건이 들어와야 가격이 내려갈 테니까 말이야."

칠석이는 얼른 비가 그쳐서 댕기를 실은 배가 섬에 들어왔으면 좋겠다고 생각했습니다.

칠석이는 고맙다는 인사라도 하려고 선비를 쳐다보았지만, 이미 선비는 도포를 펄럭이며 저만치 걸어가고 있었습니다.

비는 며칠 동안이나 더 내렸습니다. 방물 가게에 가 봤자 댕기 가격은 여전히 비쌀 것입니다. 칠석이는 비가 그칠 때까지 느긋이 기다렸습니다.

드디어 먹구름이 끼였던 하늘이 맑아졌습니다. 칠석이는 부리나케 부두로 달려갔습니다. 멀리서 물건을 가득 실은 배가 들어오고 있었습니다. 다음 날이면 칠석이는 빨강 댕기를 살 수 있을 것만

같아 가슴이 벌써 뛰기 시작했습니다.

다음 날 방물장수에게 간 칠석이는 작은 항아리에 든 쌀을 내밀었습니다.

"빨강 자수 댕기 주세요."

"이보게 도령. 전에 말했듯이 빨강 자수 댕기는 세 푼이라니까요?"

방물장수는 한심하다는 듯 혀를 차며 말했습니다.

칠석이는 아무래도 선비의 장난에 넘어간 듯만 싶어 부아가 났습니다. 선비가 있으면 한마디라도 해 주고 싶어 두리번거렸지만 선비는 보이지 않았습니다. 칠석이는 쌀을 더 모아야 할 것 같아 속상했습니다.

그런데 며칠 후 장에 간 칠석이는 깜짝 놀랐습니다. 전에 있던 방물장수 앞에 또 다른 방물장수가 앉아 있었습니다. 칠석이는 새로 온 방물장수에게 다가갔습니다.

전에 보았던 빨강 자수보다 더 색이 고운 자수 댕기가 있었습니다. 칠석이는 방물장수에게 댕기가 얼마냐고 물었습니다.

"한 푼 반만 주세요."

칠석이는 속으로 만세를 불렀습니다. 항아리에서 쌀 세 줌은 덜어도 될 것 같습니다. 칠석이는 가슴 속에 색깔 고운 분홍 자수 댕기를 품고 집으로 돌아갔습니다. 순이의 환하게 웃는 모습이 칠석이 눈에 어른거렸습니다.

더 알아보기

『허생전』은 어떤 내용일까요?

　허생전은 영조 때의 실학자인 연암 박지원이라는 선비가 쓴 소설이에요. 가난한 선비 허생이 어떻게 돈을 모아서, 그 돈을 어떻게 썼는지 그 과정을 재밌게 풀어 썼어요. 허생의 입을 빌려 체면만 중요하게 생각하는 양반들의 모습을 풍자했어요.

　허생은 한양 묵적골에 사는 선비였어요. 글 읽기를 너무 좋아해서 집에 먹을 것이 떨어져도 책만 읽었어요. 어느 날 너무 배가 고프고 힘들었던 아내가 울면서 말했어요.

"맨날 그렇게 책만 읽고 있으면 뭐 하나요."

허생은 그 길로 집을 나와 한양에서 제일 부자인 변씨를 찾아갔어요. 다짜고짜 무얼 좀 해보려고 하니 만 냥만 꾸어 달라고 했지요. 그런데 변씨는 선뜻 만 냥을 꾸어 주는 거예요. 허생은 변씨에게 꾼 만 냥을 가지고 삼남(충청도, 전라도, 경상도)의 모든 과일을 샀어요.

사람들은 과일을 사고 싶어도 살 곳이 없자 허생에게 비싼 돈을 주고 과일을 사갔어요. 많은 이득을 남긴 허생은 제주도로 가서 말총을 다 사들였어요. 말총은 양반들이 머리를 매는 데 쓰는 재료예요. 허생은 다시 큰돈을 벌었어요. 몇 백만 냥의 큰 돈을 모은 허생은 그 돈으로 사람이 살지 않는 빈 섬을 샀어요.

그 당시 나라에는 도둑이 넘쳐 났어요. 도둑들은 집도 밭도 없는 가난한 백성들이었어요. 허생은 도둑과 도둑의 아내를 모두 싣고 빈 섬으로 갔어요. 사람들에게 땅을 나누어 주고 농사를 지으며 살게 했어요. 황무지였던 섬이 비옥한 농토로 바뀌어 사람들은 풍족하게 살 수 있었어요. 몇 년이 지난 후 허생은 섬을 떠나고 싶어 하는 사람과 글을 아는 사람을 모두 배에 싣고 섬을 떠나 왔어요. 섬에 남은 사람들은 그곳에 남아 평화롭게 살았어요.

한양으로 돌아온 허생은 변씨에게 꾼 돈과 이자를 합쳐 10만 냥을 가져다주었어요. 그 후 변씨와 허생은 좋은 친구가 되었어요. 몇 년 후 변씨는 어영대장인 이완과 함께 허생을 찾아왔어요. 병자호란으로 오랑캐에게 당한 치욕을 되갚아줄 방법을 찾고 싶었기 때문이에요. 허생은 청나라의 발달된 문화를 받아들이고 경제를 다시 회생시킬 세 가지 방법을 얘기했어요. 하지만 이완은 세 가지 모두 사대부의 체면을 깎기 때문에 안 된다고 말했어요. 다음 날 이완이 허생을 찾아 갔지만 그는 벌써 사라지고 없었다고 해요.

수요와 공급

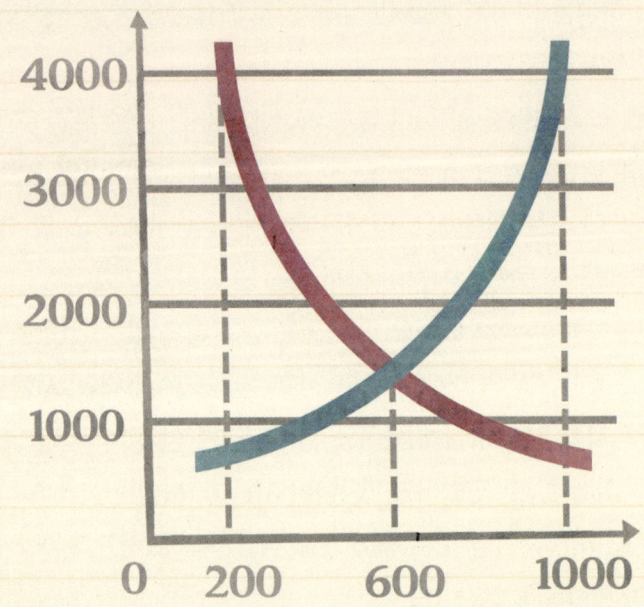

가격은 어떻게 결정될까요?

물건을 사려면 물건값을 내야 해요. 그럼 물건값은 파는 사람 마음대로 부르면 될까요? 물건값에는 시장을 움직이게 하는 중요한 원리가 숨어 있어요. 가격을 정하는 중요한 요소부터 살펴볼까요?

수요는 무엇일까요?

물건의 가격을 결정하는 첫 번째 요소는 수요예요. 말이 너무 어렵다고요? 수요는 물건을 사려고 하는 마음이나 욕구를 말해요. 아무리 물건이 많아도 물건을 사고 싶은 사람이 없다면 물건값은 정해지지 않겠지요.

월드컵 응원할 때, 많은 사람들이 빨간 티셔츠를 입었어요. 붉은 악마 복장을 하기 위해서 말이에요. 월드컵 기간에는 빨간 티셔츠를 사려는 사람이 많아져요. 하지만 월드컵이 지나면 빨간 티셔츠를 잘 입지 않아요. 이렇게 빨간 티셔츠를 사려는 사람이 늘어나는 것을 수요가 증가했다고 말한답니다.

수요가 늘어나면 가격은 올라가게 되고, 수요가 줄어들면 가격은 떨어지게 돼요. 반대로 사람들은 가격이 내려가면 물건을 많이 사게 되는데, 이것을 수요 증가라고 불러요. 가격이 올라가면 시장에서는 반대되는 일이 일어나요. 물건을 살 사람이 적어지는데 이를 수요 감소라고 부른답니다.

공급은 무엇일까요?

물건을 사려는 쪽 마음이 수요였다면, 그 물건을 파는 것은 공급이라고 해요. 물건 사는 사람은 소비자, 물건을 파는 사람은 공급자라고 부르지요.

1970년대까지만 해도 가정집에는 컬러 TV가 없었어요. 컬러 TV를 만드는 기술이 발달하지 못했기 때문이에요. 그런데 컬러 TV 만드는 기술이 계속 발달하면서 공장에서는 컬러 TV를 많이 만들 수 있게 되었어요. 컬러 TV가 많이 만들어지는 것을 공급이 늘었다고 말할 수 있어요. 기술이 발달하게 되면 점점 싼 가격에 물건을 만들 수 있기 때문에 공급이 늘어나겠지요.

공급이 늘어나면 가격은 떨어져요. 사는 사람은 두 사람인데 파는 사람이 열 명이라고 생각해 보세요. 사는 사람은 열 명 중에서 가장 낮은 가격을 말하는 사람에게 물건을 사겠지요.

물건을 만드는 재료값도 공급에 많은 영향을 주지요. 예를 들어 사탕을 만드는 설탕값이 올라가면 공장에서는 사탕을 조금밖에 만들 수 없겠지요. 이렇게 여러 가지 주변 요인에 의해 공급은 늘어나기도 하고 줄어들 수도 있어요.

수요와 공급의 원칙

유명한 경제학자인 알프레드 마샬은 시장에서 사람들이 가격을 어떻게 결정하는지 살펴보았어요. 물건을 사려고 하는 사람과 물건을 만드는 사람이 얼마나 많은 물건을 만드느냐에 따라 가격이 변한다는 것을 깨달았어요. 1890년 '경제원론'이라는 책에 자신이 깨달은 내용을 정리해서 발표했는데, 그것이 바로 '수요와 공급의 원칙'이에요. '수요와 공급의 원칙'은 여러 가지 상황에 따라 조금씩 차이는 있지만 가격이 결정되는 중요한 원리로 알려져 있어요.

가격에 따라 사람들이 사려고 하는 만큼을 선으로 그린 후 이것을 수요 곡선이라고 불렀어요. 또 팔려는 양을 직선으로 그린 후 공급 곡선이라고 불렀고요. 수요 곡선과 공급 곡선이 만나는 점이 바로 적정한 가격이라고 생각했던 거지요.

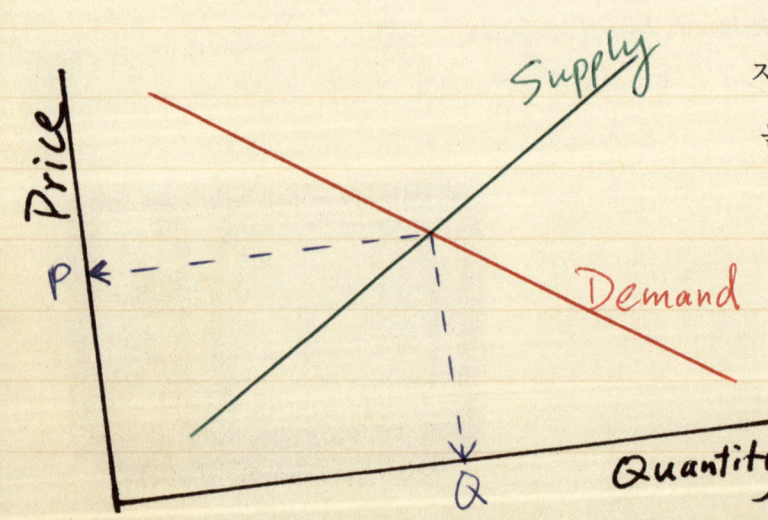

사려는 사람보다 물건 숫자가 적으면 사람들은 더 많은 돈을 주고라도 물건을 사려고 해요. 그래서 수요가 늘어나면 가격은 오른다고 말하는 것이에요. 반대로 물건이 많으면 공급자는 어떻게든 사람들에게 물건을 팔려고 하겠지요. 그래서 수요보다 공급이 많으면 가격이 떨어지게 돼요.

반대로 갑자기 가격이 떨어지면 사람들은 수요를 늘려요. 수요가 늘어나면 그만큼 소비를 했으니까 공급량이 줄어들게 되겠죠. 점차 수요와 공급이 균형을 찾게 되어 적정 가격을 형성하게 된다는 것이에요.

허생전에 나오는 매점매석 제대로 알기

허생전에서 허생 아저씨가 맨 처음 돈을 어떻게 모았지요? 남부 지방에서 올라오는 과일을 전부 사 버렸어요. 그러고는 과일을 높은 가격에 되팔아 많은 이득을 남겼어요.

이렇게 허생 아저씨처럼 한 사람의 공급자가 모든 물건을 갖고 가격을 올리는 방법을 매점매석이라고 해요. 가격은 수요와 공급의 법칙에 의해서 자연스럽게 시장에서 결정되어야 하는데, 매점매석을 하게 되면 공급자 마음대로 가격을 올릴 수 있어요. 물건을 파는 사람이 한 사람 밖에 없기 때문에 가격이 마음에 안 들어도 어쩔 수 없이 그 물건을 살 수밖에 없어요. 그래서 매점매석은 엄격하게 금지되고 있어요. 한 곳에서만 물건을 만들어 팔지 않도록 여러 규제들이 있지요.

　5월의 싱그러운 봄날, 공원 한쪽에 넓은 잔디밭이 푸른 빛을 뽐내며 펼쳐져 있어요. 이 잔디밭은 동네 사람들 모두가 좋아하는 곳이에요. 새들도 기분이 좋은지 저마다 예쁜 목소리를 뽐내고 있어요.

"하하하하!"

"까르르!"

　어? 그런데 아이들이 잔디밭에서 뛰놀고 있어요. 저러면 금세 잔디밭이 엉망이 되어버릴 텐데! 참 이상하네요. 왜 잔디밭에 아이들이 들어간 걸까요? 틀림없이 어제까지는 잔디밭이 출입금지였거든요.

　잔디밭 옆에는 통나무로 지어진 관리소가 있어요. 이곳에서 일하는 공원 관리인 버러크 씨가 문을 열고 나왔어요. 그는 매서운 눈으로 아이들을 노려보며 소리쳤어요.

"너희들, 거기서 당장 나오지 못해! 이거 안 보여?"
버러크 씨가 가리킨 건 잔디 앞에 세워진 푯말이었어요.
"보여요!"
"보이니까 들어왔죠. 우헤헤!"
아이들은 재미있다는 듯이 한마디씩 했어요. 얼굴이 붉어진 아저씨는 푯말을 쳐다보며 다시 소리쳤어요.
"이게 보이는데 거길…… 잉?"
푯말을 본 버러크 씨의 눈이 점점 커졌어요. '잔디밭에 들어가지 마시오!'라고 쓰여 있어야 할 푯말 글자가 '잔디밭에 들어가시오!'라는 글자로 감쪽같이 바뀌어 있었어요. 누군가가 '지'와 '마'자를 페인트칠로 지워놓은 거예요.

"누구 짓이야?"
공원에 쩌렁쩌렁한 소리가 울려 퍼졌어요.
바로 그때, 붓을 귀에 꽂고 페인트 통이 든 가방을 멘 존이 공원 입구에 나타났어요. 고함소리에 놀란 존은 그 자리에 얼어붙듯 멈춰 섰어요. 존은 화가  나서 얼굴이 붉어진 버러크 씨와 눈이 마주쳤어요.
"으힉! 큰일 났다!"
"또 너냐? 이번엔 안 봐준다!"
존은 뒤를 한 번 돌아보고는 뛰기 시작했어요.
"이 녀석, 거기 서지 못해!"
얼마나 지났을까. 다리가 안 보이게 냅다 달리던 존은 동네 어귀에 멈춰 서서 숨을 골랐어요. 주위를 둘러보았지만 버러크 씨가 쫓아오는 것 같지는 않았어요.

"휴, 다행이다."

존은 메고 있던 가방을 벗어 페인트 통들을 살펴보았어요. 정신없이 뛰느라 소중한 페인트가 흘러 넘치기라도 했으면 큰일이거든요. 다행스럽게도 페인트는 그대로였어요.

"아우, 어깨야."

무거운 페인트 통들을 메고 뛰었으니 온몸이 쑤실 수밖에요.

"안 되겠어. 페인트 말고 다른 게 없을까?"

다음 날, 존은 미술용품점으로 갔어요. 그곳에서 존의 눈을 사로잡은 것이 있었고, 그날부터 존에게 새로운 장난 도구가 생기게 되었어요. 바로 컬러 스프레이였어요.

'치이익, 칙.'

그날부터 온 동네에 경쾌하고 시원한 소리가 울려 퍼지기 시작했어요. 존이 컬러 스프레이를 총처럼 허리에 차고 다니며 신나게 낙서를 해대기 시작했거든요.

존은 평소에 가발을 쓰고 다니는 공원 관리인 버러크 아저씨의 집 문에 가발과 아저씨 얼굴을 그려 넣었어요. 문이 양쪽으로 열리면 마치 가발이 머리에서 벗겨지는 것처럼 보이게 한 거예요.

"으으, 존 녀석, 가만 두지 않겠어!"

또, 음식점 앞에 더러운 쓰레기 그림을 그려놓거나, 존을 자주 꾸중하시는 아저씨네 문구점 문 앞에 깊은 웅덩이 그림을 그려 넣어 손님이 뚝 끊기게 만들기도 했어요.

그래도 존의 장난은 처음엔 그저 웃어넘길 수 있는 정도였어요.
하지만 날이 갈수록 하루가 다르게 조금씩 더 짓궂어졌어요.
한번은 존이 공사 중인 건물에 걸쳐진 사다리를 치우고 그 자리에 사다리 그림을 그렸는데, 인부 아저씨가 그림을 진짜 사다리로 착각해서 올라가려다가 발을 헛디디는 아찔한 사건이 벌어지기도 했어요.
"더 이상은 안 되겠어요."
"그래요. 대책이 필요해요."
"무슨 뾰족한 수가 없을까?"
보다 못한 동네 어른들이 한자리에 모였어요. 머리를 맞대고 의논한 끝에 벌금을 물리기로 했죠. 그날, 동네 곳곳마다 현상수배 포스터처럼 존의 얼굴과 함께 경고 문구가 붙었어요.

우리는 더 이상 존의 낙서를 용서치 않는다.
낙서 발견 즉시 어마어마한 벌금을 물릴 것이다.

'칙, 칙, 치이이이익.'
어느 늦은 오후, 존이 이웃집 담에 무언가를 그리고 있어요. 자세히 보니, 엉거주춤 쭈그려 앉아 있는 사람 그림이에요. 존이 그림을 그리기 시작하자마자, 동네 아이들이 하나둘 몰려들었어요.
"그게 뭐야?"

"보면 몰라? 똥 누는 아저씨잖아."

장난기 가득한 얼굴을 한 존이 대답했어요. 그러자 질문을 한 아이가 고개를 갸우뚱하며 또 물었어요.

"그런데 얼굴은 왜 안 그려?"

"그럴 필요가 없거든. 두고 보면 알게 될 거야."

"그런데 형아, 낙서하면 벌금내야 하지 않아?"

"요 녀석아. 이게 낙서로 보이니? 예술이야, 예술!"

바로 그 때, 담 위에서 얼굴 하나가 쏙 올라 왔어요. 주인 아저씨였죠. 그런데 아저씨의 얼굴이 마침 몸통 바로 윗부분이어서 마치 그 아저씨가 볼일을 보고 있는 것처럼 보였어요.

"우헤헤헤헤!"

"으하하하!"

아이들은 그 모습을 보고 배꼽을 잡고 웃어댔어요. 너무 웃어서 얼굴이 빨개지며 기침을 하기도 했죠.

"혹시, 네가 존이니?"

어느새 밖으로 나온 주인 아저씨는 부드러운 목소리로 물었어요. 벌금 생각이 퍼뜩 든 존은, 잡히기 전에 뛰어야겠다는 생각에 뒤로 슬금슬금 물러났어요. 그런데 주인 아저씨의 얼굴에 번진 환한 미소를 보고 자신도 모르게 그 자리에 붙박이듯 멈춰 섰어요.

"네. 그런데요."

"하하! 드디어 유명한 꼬마 피카소를 만났네? 반갑다. 난 스티브라고 해."

"아, 네."

존은 아저씨가 내민 손을 얼떨결에 잡으며 대답했어요. 아저씨는 약간 마른 체형에 동그란 안경을 낀, 전체적으로 푸근한 인상을 가지고 있었어요.

"듣던 대로 그림 솜씨가 아주 훌륭하구나. 존, 나랑 잠깐 얘기 좀 할까?"

스티브 아저씨는 목소리가 작고 어눌했지만, 어쩐지 따뜻함을 느끼게 하는 말투였어요.

"너, 이 포스터 봤지?"

"네. 죄송해요. 그런데 전 벌금을 낼 만한 돈이 없는걸요."

존은 스티브 아저씨가 가리킨 포스터를 보며 시무룩한 표정으로 고개를 숙였어요. 그러자 아저씨는 존의 머리를 손으로 몇 번 헝클어뜨렸어요. 너무 귀엽다는 듯이 말이죠.

"어허, 그럼 어쩌나. 난 규칙대로 너에게 벌금을 받아야 하는데."

"한번만 봐 주시면 안 돼요?"

"그러지 말고, 네가 벌금을 벌어 보는 건 어때?"

고개를 숙이고 있던 존이 고개를 번쩍 치켜들고 물었어요.

"네? 어떻게요?"

"네가 제일 잘 할 수 있는 일을 하면 되지. 지금 낙서하는 것처럼 그림을 그리는 거야."

"에이, 제 낙서 그림으로 어떻게 돈을 벌어요. 제 그림은 그냥 장난일 뿐인걸요?"

"그렇지 않아. 성공을 이뤄낸 기업가들은 처음엔 모두 아무것도 아닌 것으로부터 가치 있는 것을 찾아냈단다. 너, 이베이라고 들어

봤지?"

"네, 유명한 경매 사이트잖아요."

"그래, 그 회사는 사탕 용기 수집에 빠져있던 여자 친구를 기쁘게 해주기 위해서 사이트를 만든 데서부터 출발했단다."

"와하하! 그렇구나."

존과 스티브 아저씨는 어느덧 나란히 길을 걷고 있었어요.

"존, 아저씨랑 약속 하나 하자."

"어떤 약속이요?"

"이제 더 이상 짓궂은 낙서는 하지 않기!"

"음, 알겠어요."

"또 있어. 낙서로 돈을 버는 멋진 기업가로 성공하기."

"그럼 좋지요. 하지만 제가 잘 할 수 있을까요?"

"물론! 지금의 열정만 있으면 충분해. 어릴 때 불 붙여진 열정은 인생을 비추는 등불이 된단다."

"정말이죠? 아저씨가 도와주시면 더 잘 할 수 있을 것 같아요."

"그런데 아저씨! 지금 보니 낯이 좀 익은 것 같은데, 저랑 예전에도 만난 적 있나요?"

"글쎄, 아닐걸? 하하!"

두 사람의 등 뒤에서 초봄의 해가 마지막 빛을 사그라뜨리고 있었어요. 한껏 기대에 부푼 존은, 그림자마저 신나 보였어요.

그로부터 몇 달 후, 존의 벌금 포스터가 붙어있던 자리에 새로운 포스터가 붙었어요. 멋진 벽화 그림 아래에 다음과 같은 문구가 적혀 있었죠.

꼬마 피카소 존이
벽을 디자인 합니다.
- 그라피티 제작소, 꿈꾸는 피카소 -
☎ 1234-5678

"이야, 근사한데!"
스티브 아저씨가 존과 함께 포스터를 보며 말했어요.
"헤헤. 하지만 처음부터 큰 기대는 하지 않아요."
"그래. 첫술에 배부를 순 없지."

얼마 전, 스티브 아저씨와의 약속을 지키기 위해 존은 자신이 즐기면서 할 수 있는 일을 찾아보기 시작했어요. 그렇게 해서 벽에 낙서를 하듯 그림을 그리는 '그라피티'라는 분야를 알게 되었어요. 아직 사람들에게 많이 알려지지 않았기 때문에 충분히 성공 가능성이 있다고 믿었어요. 하지만 아무리 자신이 하고 싶은 일이라 하더라도, 무조건 일을 시작할 수는 없었죠.

"존, 사람은 아는 만큼 힘을 가지게 된단다. 같은 조건에서 같은 일을 하더라도 지식이 풍부한 사람은 그렇지 못한 사람보다 일을 쉽게 처리하지. 참신한 아이디어도 많이 나올 수 있고 말이야."

존은 아저씨의 조언대로 그라피티에 대해 자세히 공부하고 꾸준히 그림 연습도 했어요. 마침 그라피티 경연 대회가 열린다는 정보를 듣게 되

어 대회에 참가도 해 보았어요. 결과는 좋지 않았지만, 충분한 경험이 되었죠.

그라피티에 어느 정도 자신이 붙은 존은 시장 조사도 하기 시작했어요. 그러려면 많은 정보가 필요했죠. 스티브 아저씨와 함께 인터넷을 뒤지기도 하고, 부지런히 도서관을 들락거리며 다양한 정보를 모으게 되었어요.

"그라피티가 힙합 문화래요."

"오, 그래?"

"처음에는 욕설이나 거친 말투로 가득한 낙서로 시작되었다는데요?"

"그것 봐라. 어쩐지 너랑 딱 어울릴 것 같더라니까."

"에이, 아저씨도 참."

스티브 아저씨는 샐쭉한 표정을 짓는 존을 보며 재미있다는 듯이 웃어 댔어요. 하지만 존은 아저씨의 웃음소리가 결코 싫지 않았어요.

존이 작은 꿈을 펼치게 될 그라피티 제작소 '꿈꾸는 피카소'는 스티브 아저씨의 집 차고에 임시로 마련되었어요.

"우와, 감사합니다!"

"허름해서 미안하구나, 존."

"아니에요. 아저씨께서 그러셨잖아요. 없다고 불평하지 말고 필요한 건 만들어라. 제 솜씨 한 번 보실래요?"

아니나 다를까, 존은 그동안 갈고 닦은 솜씨

를 발휘해서 하루 만에 차고를 멋진 벽화로 가득 찬 미술 전시회장처럼 만들어 놓았어요. 이쯤 되면, 우리의 꼬마 피카소가 꿈을 펼칠 모든 준비가 착착 잘 되어 가고 있는 것 같아요. 스티브 아저씨도 '진정한 기업가'에 대해 존에게 여러 가지 조언을 해 주셨어요.

"존, 창업이 결코 쉬운 일은 아니란다. 힘들고 어려운 상황을 만나더라도 강인한 의지와 정신만 있으면 목표를 이룰 수 있지."

"존, 진정한 기업가는 남과 다른 능력을 키워서 그것을 통해 세상을 변화시키는 사람이야. 새로운 가치를 창조하는 것뿐 아니라 사회적 책임의식까지 갖춰야 하지."

"나중에 본격적인 사업을 시작하게 되면 매일 아침 눈을 뜰 때부터 긴장을 늦춰서는 안 된단다. 위기는 한 번으로 끝나는 게 아니야. 또, 실패를 했을 때 잘 극복하려면 건강한 자존심이 필요하단다. 때로는 사람들의 조롱과 비웃음을 이겨나가야 할 때도 있거든."

어떻게 들으면 잔소리처럼 들리는 말일 수 있었고, 아직 열 두 살 밖에 되지 않은 존에게는 조금 어려운 이야기들도 있었지만, 존은 아저씨의 말 하나하나를 놓치지 않으려고 애썼어요. 그뿐 아니라 꼭 기억해 두려고 몇 번을 되뇌어 보곤 했죠.

존은 스티브 아저씨와 함께 꿈꾸는 피카소로 돌아왔어요. 존은 창고, 아니 자신의 멋진 사무실을 둘러보며 벅차오르는 감정을 느꼈어요. 비록 이제 막 첫 발을 뗀 작은 시작이었지만, 존에게 이곳은 큰 꿈을 꿀 수 있는 곳이에요. 스티브 아저씨는 그런 존의 눈빛에 열정이 가득 차 있는 걸 보았어요.

"존, 자, 이제 시작이야. 이제부터는 지금의 열정을 잊지 마라. 열정은 말 그대로 뜨거운 사랑을 뜻해. 뜨거운 마음을 품은 사람은 무엇을 하든 자신감이 넘치지."

"네, 열정은 불가능을 가능으로 바꾼다고 하잖아요."

"그래, 존. 좋은 말을 알고 있구나. 그런데 열정은 자신의 삶만 풍요롭게 하는 게 아니야. 남을 도울 수 있게 하는 에너지지. 열정을 가진 사람은 자신을 사랑하는 사람이야. 자신의 삶이 소중한 것처럼 타인의 삶 또한 귀하다는 걸 알게 될 거란다. 이건 네가 오래오래 꼭 기억하고 있어야 할 말이야."

"네, 아저씨. 꼭 명심할게요."

주먹까지 불끈 쥐어 보이며 대답하는 존의 모습이 꽤 의젓해 보였어요. 이제 존 걱정은 하지 않아도 되겠죠?

아, 참! 중요한 이야기를 빼먹을 뻔 했네요. 스티브 아저씨와 함께 인터넷을 뒤지던 존은 어떤 인터넷 신문에서 스티브 아저씨 사진을 발견했어요.

"앗! 아저씨다! 어, 어? 그런데, 이름이……."

스티브 아저씨 사진 아래에는 '세계 최고의 IT기업가 스티브 잡스'라는 설명이 붙어 있었어요. 세상에! 스티브 아저씨가 바로 그 유명한 스티브 잡스 아저씨였던 거예요.

"어쩐지. 어디서 많이 본 얼굴이었다니까요. 너무하세요. 저한테 왜 숨기셨어요?"

"숨기려고 한 건 아니란다. 그런데 그게 뭐 그렇게 중요하니, 안 그래?"

4장 스티브 잡스가 알려 주는 기업가 정신

"하긴, 그래요. 아저씨는 저한텐 그냥 잔소리 많은 옆집 아저씨죠."
"어어, 앞에 중요한 게 빠졌다?"
"네?"

"갚을 돈이 있는, 옆집 아저씨지."
"힝, 잊어버리지도 않으셔."
"하하하!"
띠리리링.
그 때, 전화벨이 울렸어요.
"앗!"
존과 스티브 아저씨는 동시에 서로를 마주보았어요.
"오! 첫 주문 전화네? 어서 받아 봐."
"네, 여보세요! 꿈꾸는 피카소입니다!"
존의 당당한 목소리를 들으며 스티브 아저씨의 얼굴에는 환한 미소가 번졌어요.

더 알아보기

『스티브 잡스』는 어떤 사람일까요?

　세계 최고의 IT기업 '애플'의 CEO로 잘 알려진 스티브 잡스의 이름은 한 번쯤 들어봤을 거예요. 세계적인 성공을 거둔 사람이기에 좋은 환경에서 살아 왔을 것 같지만 잡스의 삶은 결코 평탄하지 않았어요. 그는 태어나자마자 양부모에게 입양이 되었어요. 잡스의 친부모님이 국적이 다르다는 이유로 결혼을 허락받지 못했기 때문이에요. 고등학교 졸업 후 잡스는 오리건주 포틀랜드에 있는 리드칼리지에 입학했지만 등록금이 너무 비싸서 한 학기 밖에 다니지 못합니다. 하지만 가난한 환경에서도 절대 그는 공부하는 것을 포기하지 않았어요.

잡스는 21살에 세계 최초로 개인용 컴퓨터 '애플Ⅰ'을 만들어 애플사를 설립했어요. 다음 작품인 '애플Ⅱ'가 크게 성공하면서 잡스와 애플은 점점 더 유명해집니다. 하지만 30세의 나이에 잡스는 판매 부진의 이유로 애플의 이사회로부터 해고를 당하게 되지요.

하지만 그는 포기하지 않고 넥스트라는 회사를 설립해요. 픽사라는 회사를 인수하여 유명한 애니메이션 '토이 스토리'로 대성공을 일구어 내지요. 이후 세계를 무대로 승승장구했던 스티브 잡스는 다시 애플의 최고경영자로 돌아오게 됩니다. 그가 복귀하던 당시 애플은 10억 달러의 적자를 내고 있었는데, 1년 만에 잡스는 4억 달러의 흑자를 이루는 신화를 만들어 냈어요. 아이맥, 아이팟, 아이폰, 아이패드 등 그가 내놓는 제품마다 계속해서 성공했고 애플은 세계 최고의 IT기업으로 자리 잡게 됩니다.

2004년 그는 췌장암 진단을 받습니다. 여러 번 큰 수술을 했지만 그의 건강은 점점 나빠졌어요. 그럼에도 불구하고 잡스는 숨이 다하는 날까지 애플을 떠나지 않을 정도로 자신의 일을 사랑했습니다.

회사에서도 항상 터틀넥과 청바지를 입었던 자유분방한 스티브 잡스. 실패를 두려워하지 않는 용기와 도전 정신, 그리고 꿈을 향한 열정으로 쉴 새 없이 달려 왔던 그는 세상을 깜짝 놀라게 하는 작품으로 전 세계를 바꾸어 냈다고 해도 과언이 아니랍니다.

기업가 정신

기업가 정신이란 뭘까요?

기업이란 무엇일까?

흔히 회사라고 부르는 '기업'은 간단히 말해서 이익을 위해 상품을 생산하는 조직이에요. 물론 기업이 조금 더 큰 개념이지요.

기업은 국민 경제를 구성하는 기본적 단위로, 생산 수단의 소유와 노동의 분리를 기본적인 특징으로 하고 있어요. 또, 이윤을 추구하는 경제 사업이라는 점에서 정부나 교회 등의 이윤을 추구하지 않는 조직과 구별된답니다. 여기서 이윤이란 장사 등을 하여 남기는 돈이고, 영리는 재산상 이익이나 이윤과 같은 뜻입니다.

기업가 정신이란 무엇일까?

　기업가는 세상에 의미 있는 변화를 일으키는 힘을 가진 사람이어야 해요. 진정한 기업가란 여러 가지 위험 요소에도 불구하고 스스로 판단하고 결정한 후에 행동에 옮겨서 세상에 없는 새로운 가치와 일자리를 만들어 내는 사람이랍니다.

　진정한 기업가 정신은 남과 다른 능력을 키워서 그것을 통해 세상을 변화시킬 수 있게 하는 것이에요. 즉, 변화하는 환경 속에서 기업 활동의 어려움과 위험을 극복하고 기회를 포착해, 혁신을 유도하고 새로운 가치를 창조하는 것뿐 아니라 사회적 책임의식까지 겸비한 정신이라고 할 수 있죠.

　기업가 정신을 요약하면 다음과 같아요.

① 좋아하는 일에 미치고 과감히 도전해서 열정적으로 시장을 개척해야 한다.
② 글로벌 창조적 아이디어로 수익을 내야 한다.
③ 글로벌 일자리를 창출해야 한다.
④ 사회적 책임을 질 줄 알아야 한다.

기업가를 꿈꾸는 어린이들에게

　창업은 지식만으로 되는 것이 아니에요. 어떤 분야든 현장에서 일을 해 봐야만 알 수 있는 것들이 있어요. 현장 경험이 없으면 어처구니없는 시행 착오를 겪게 되고, 그것 때문에 힘을 낭비하게 되죠. 그래서 무조건적인 창업은 바람직하지 않아요.

　실리콘밸리에서는 100개 기업 중 한 개 기업만이 성공하고, 99개 기업이 망한다고 해요. 하지만 모두들 성공한 소수의 기업에만 집중하고 성공 이면에 숨

겨진 수많은 실패에 대해서는 관심도 없어요. 하지만 실패가 어떻게 큰 성공을 만드는지 꼼꼼하게 살펴보는 것이 중요해요.

미래와 실패를 두려워하는 사람은 손도 발도 움직일 수 없게 돼요. 실패라는 것은 두려워할 것이 아니에요. 실패하기 전보다 더 풍요로운 지식으로써 다시 일을 시작할 수 있는 좋은 기회죠.

성공한 사람들은 성공을 거두기 전에 수많은 실패와 좌절을 겪었어요.

젊은 시절 월트 디즈니는 창의성이 부족하다는 이유로 신문사에서 해고를 당했어요. 디즈니랜드를 만들기 전까지 사업에서 완전 파산하여 무일푼이 된 적도 많았어요.

또 포드 자동차 회사를 창립한 헨리 포드는 실패를 통한 성공 스토리의 또 다른 주인공이에요. 그의 삶은 실패가 어떻게 성공을 이끌어 낼 수 있는지 잘 보여 줘요. 그가 실용적이고 대중적인 자동차를 만들어 큰 성공을 거두기 전까지 무려 다섯 번이나 파산을 했거든요. 헨리 포드는 "우리는 성공보다 실패에서 더 많은 것들을 배운다."는 말을 하기도 했답니다.

성공을 위해서 우선 자신만의 '성공의 정의'를 내려 보세요. 과연 돈을 많이 벌거나 높은 지위를 가져야만 성공한 것일까요? 그런 사회적 잣대로 남들과 비교하면 자기 인생을 살지 못해서 불행해져요. 실제로 사회적 성공을 크게 거둔 사람들이 불행해진 경우가 있는데, 이것은 자기만의 성공의 정의를 내리지 않았기 때문이에요. 우리 모두는 자기 인생의 '기업가'랍니다.

두 번째로 '의미' 있는 일을 하세요. 자신이 선택하려는 일들의 본질을 보고 어떤 선택을 하면 내가 더 의미를 느낄 수 있는지, 또 어떤 일에 더 보람을 느끼며 재미있게 일할 수 있는지 고민해야만 해요.

마지막으로 자신에게 '기회'를 주세요. 스스로 자기 편견에 갇히지 말고 과감하게 시도해 보아야 해요. 시도를 한 후에는 아주 열심히 해야 하죠. 물론, 그 과정에서 실패를 할 수도 있고 성공을 할 수도 있겠지만, 결과보다 중요한 것은 자신을 알아간다는 점이에요. 그것만으로도 가치 있는 일이랍니다.

『헨리 포드』가 알려 주는 생산성

5 리지와 친구들의 달콤한 사랑 쿠키

"아, 어떡하지? 답답해, 정말."

리지는 어깨를 축 늘어뜨리고 한숨을 푹푹 쉬었습니다. 터덜터덜 걸어가는 리지의 발걸음에는 기운이 전혀 없었지요.

"사라도 안 되고……, 캐리도 안 된다고 하면…… 나더러 어쩌라고?"

리지가 혼자 웅얼웅얼하며 걷고 있을 때였습니다. 골목을 돌아가려는 순간, 그만 반대편에서 걸어오는 할아버지와 쿵 부딪혔습니다.

"아이코, 아야야."

리지는 뒤로 발랑 넘어지며 엉덩방아를 콩 찧었습니다.

"애고, 괜찮니? 꼬마 아가씨. 미처 못 봐서 미안하구나."

중절모를 쓴 멋쟁이 할아버지였습니다. 할아버지는 미안한 표정을 지으며 리지에게 정중히 손을 내밀었지요.

"일어날 수 있겠니? 할아비 손을 잡고 천천히 일어나 볼래?"

리지는 한 손으로 엉덩이를 문지르며 다른 한 손으로 할아버지 손을 잡았습니다. 할아버지는 살살 리지를 일으켜 세워 주셨지요. 그리고 걱정스러운 목소리로 물었습니다.

"꼬마 아가씨, 많이 아프면 병원이라도 가 볼까?"

리지는 엉덩이를 툭툭 털며 고개를 저었습니다.

"아뇨, 괜찮아요. 제가 고민이 있어서…… 생각하며 걷느라 주위를 제대로 살피지 못했어요. 일으켜 주셔서 고맙습니다."

"저런, 꼬마 아가씨가 무슨 고민이 있을까?"

할아버지는 고개를 갸웃하더니 빙그레 미소를 지어 보였습니다.

"이렇게 만난 것도 인연인데 할아비가 도와줄 일이 없겠니? 밑져야 본전이니 한번 이야기라도 해 보렴."

"아니, 그냥 친구들끼리 문제가 좀 있을 뿐이에요. 괜찮아요."

리지는 손을 휘휘 내저으며 정중히 사양했습니다. 그래도 할아버지는 부드러운 목소리로 또다시 말했습니다.

"다른 사람에게 고민을 이야기하면, 혼자 고민할 때는 보지 못하고 알지 못했던 사실을 깨닫게 된단다. 혹시 아니? 할아비랑 이야기하다가 기막힌 방법이 떠오를지?"

할아버지의 말씀에 리지는 마음이 조금씩 움직였습니다. 어쩌면 정말 리지가 상상하지 못한 방법을 할아버지가 가르쳐 줄지도 모르

니까요. 마침내 리지는 결심한 듯 입을 열었습니다.
"저…… 그러니까요. 그게……."

제 이름은 리지 모젠이에요. 나이는 열 살이고요. 공부는 잘하지 못하지만 그래도 명랑하고 친구들과 사이가 좋아요. 자랑은 아니지만 사실 남자애들에게도 제법 인기가 있답니다. 후훗, 에 그리고 취미는……, 아차! 이게 아니지.

사실 제가요, 이번에 친구들이랑 자선 바자회에 참여하기로 했거든요. 친구 사라랑 수잔, 캐리와 제니퍼 그리고 저까지 다섯 명이 쿠키를 만들어서 팔려고요.

이번 자선 바자회는 수익금 전액을 스텔라 보육원에 전달한대요. 지금 스텔라 보육원에는 아직 학교에 가지 않은 어린아이들이 30명 넘게 있대요. 그 가운데 엘리자베스라는 여자아이가 있는데 얼마나 예쁜지 꼭 TV에 나오는 아역배우처럼 생겼다니까요. 아이코, 이야기가 또 딴 데로 샜네.

어쨌든 저랑 친구들은 자선 바자회에서 쿠키를 팔아서 스텔라 보육원 아이들을 돕는 데 보탬이 되고 싶었어요. 각자 쿠키를 50개씩 만들기로 했지요. 그런데 문제가 생겼지 뭐예요!

수잔은 아몬드랑 땅콩을 듬뿍 넣어서 아주 고소한 쿠키를 만들었고요. 저는 초콜릿을 잔뜩 넣어서 달콤한 쿠키를 만들었어요. 저희 둘은 쿠키를 잘 만들거든요. 그런데 사라와 캐리는 정말 쿠키를 못 만들어요! 제가 쿠키 만드는 레시피까지 알려 주었지만 소용없었어

요. 글쎄, 사라는 쿠키를 굽다가 몽땅 태워 버렸대요. 캐리가 만든 쿠키는 너무 짜서 도저히 먹을 수가 없고요. 제니퍼는 집에 있는 오븐이 망가져서 쿠키를 구울 수 없다지 않겠어요? 정말 답답한 노릇이었지요. 그 와중에 수잔이 제게 이렇게 말하지 뭐예요.

"솔직히 난 불만이야. 다 함께 쿠키를 만들기로 했잖아. 그런데 사라는 쿠키를 태우고, 캐리는 못 먹을 쿠키나 만들고. 제니퍼는 아예 쿠키를 만들지 못한다니! 결국 너랑 나랑 우리 둘이서 나머지 쿠키를 다 만들어야 해? 난 아몬드랑 땅콩 사느라 이번 달 내 용돈을 다 써서 더는 못 만들어."

저는 수잔에게 한마디도 하지 못했답니다. 수잔 말에 일리가 있었거든요. 하지만 사라와 캐리, 제니퍼가 일부러 쿠키를 만들지 않은 게 아니잖아요. 그 친구들이 잘못한 것도 아니고요.

아휴, 왜 이렇게 되었을까요? 모처럼 친구들끼리 뜻을 모아 좋은 일을 하려고 했는데……. 오히려 친구끼리 어색해진 듯해서 속상해요. 이미 자선 바자회 참여 신청을 해서 취소할 수도 없고, 그렇다고 계속하자니 친구 사이가 점점 틀어질 것 같고. 이래저래 고민이에요. 아아, 이제 저희는 어떻게 해야 좋을까요?

리지는 이야기를 마치고 한숨을 길게 푹 쉬었습니다. 가만히 이야기를 듣고 있던 할아버지는 한참을 무언가 골똘히 생각하는 듯했습니다. 그러다 마침내 "음!" 소리를 내며 입을 열었지요.

"꼬마 아가씨, 할아비가 그 고민을 해결해 줄까?"

"네?"

리지는 눈을 동그랗게 떴습니다. 정말 할아버지는 리지의 고민을 한방에 속 시원히 해결해 줄 수 있을까요? 리지는 기대 반, 의심 반이 섞인 눈으로 할아버지를 뚫어져라 바라보았습니다.

"꼬마 아가씨는 자동차 만드는 과정을 알고 있니?"

"아니요. 잘 몰라요."

"자동차 한 대를 만들려면 여러 가지 과정을 거쳐야 해. 자동차의 몸, 그러니까 차체를 만들어야 하고, 엔진이랑 바퀴, 문짝 등등 자동차에 들어가는 온갖 부품을 다 만들어야 하지. 그리고 차체에 하나씩 붙이고 연결해서 조립해야 하고, 자동차 바깥에는 예쁜 색깔로 페인트를 칠해야 하지. 간단히 말해서 이 정도지, 실제로는 훨씬 과정이 많고 복잡하단다."

"그래서요?"

"워낙 자동차를 만드는 일이 복잡하고 어려우니까 자동차 한 대 만드는 데 오랜 시간이 걸렸지. 오죽하면 한 사람이 일 년에 자동차를 겨우 세 대밖에 못 만들 정도니까."

"우아! 진짜요?"

리지는 저도 모르게 입이 쩍 벌어졌습니다.

'자동차를 만드는 데 그렇게 시간이 오래 걸려? 장난 아니다.'

"그래서 어느 자동차 회사 사장은 자동차를 더 빨리, 더 많이 만드는 방법을 찾았지. 바로 여러 사람이 자동차 한 대를 같이 만드는 거야. A가 차체를 만들면 B가 엔진을 달고, C가 바퀴를 달고. D가 문짝을 달고……. 그랬더니 자동차를 만드는 속도가 엄청나게 빨라졌지 뭐니?"

　리지는 고개를 갸우뚱했습니다.
　"얼마나 빨라졌는데요?"
　할아버지는 싱긋 웃으며 말했습니다.
　"한 시간 삼십 분 만에 자동차 한 대를 만들게 됐지."
　"에이, 거짓말! 어떻게 자동차를 한 시간 반 만에 만들어요?"
　리지는 할아버지가 어린 자기를 놀리는 것만 같았습니다. 믿을 수 없다는 표정으로 고개를 세차게 획획 내저었지요. 하지만 할아버지는 여전히 부드러운 목소리로 계속 말을 이었습니다.
　"옛말에도 '백지장도 맞들면 낫다.'고 한단다. 한 사람이 자동차 한 대를 만들면 4개월이나 걸리지만, 여러 사람이 함께 만들면 90분 만에 한 대를 만들 수 있어. 그게 바로 '분업'의 힘이야."
　"분업이라니요?"
　"아까 말한 대로 자동차를 만드는 일을 과정별로 쪼개서 여러 사람이 각각 나누어 맡아 하는 거야. 예를 들면, 차체 만드는 일, 엔진 다는 일, 바퀴 다는 일, 문짝 다는 일, 페인트칠하는 일로 나누고 A는 차체만 만들고, B는 엔진만 달고, C는 바퀴만 달고, D는 문짝만 달고, E는 페인트칠만 하는 거지."

할아버지는 잠시 말을 멈추고 리지를 가만히 바라보았습니다. 할아버지의 눈은 무척 따스하고 부드러웠습니다.

"꼬마 아가씨와 친구들도 '분업'을 하면 어떨까?"

리지는 그제야 정신이 번쩍 들었습니다.

'아, 그렇구나. 우리는 각자 쿠키를 몇 개씩 나누어 만들 생각만 했지, 함께 일을 나누어 할 생각을 못했어.'

리지는 마치 환한 해가 쨍 뜬 것처럼 눈앞이 확 밝아졌습니다. 아까까지 마음속에 가득 드리워 있던 먹구름이 거짓말처럼 스르

사라졌지요. 리지는 방긋 웃으며 할아버지에게 말했습니다.

"할아버지, 고맙습니다. 진짜, 진짜, 진짜로요! 할아버지 덕분에 자선 바자회에 나갈 수 있겠어요. 저는 이제 친구들이랑 이야기하러 가 볼게요. 고맙습니다. 안녕히 가세요."

리지는 꾸벅 인사하고 후다닥 뛰어가기 시작했습니다. 그러다 멈칫하더니 빙글 몸을 돌려 다시 할아버지에게 달려왔지요.

"자선 바자회가 이번 주 일요일이에요. 마을 광장에서 열리니까 할아버지도 시간이 괜찮으시면 꼭 오세요! 제가 쿠키 많이 드릴게요!"

말을 마친 리지는 다시 후다닥 뛰어갔습니다. 어서 친구들이랑 쿠키 만들기를 '분업'할 생각에 가슴이 두근두근했답니다.

"애들아, 이리 와 봐. 내게 좋은 생각이 있어."

리지는 친구들을 불러 모아 아까 할아버지에게 들은 이야기를 그대로 들려주었습니다. 친구들은 고개를 갸웃갸웃하며 물었습니다.

"그래서 우리는 어떻게 하자고?"

"내가 다 생각해 왔지!"

리지는 가슴을 쫙 펴고 자신만만하게 말했습니다.

"쿠키를 만드는 과정을 다섯 부분으로 쪼개고, 각자 가장 잘할 수 있는 부분을 맡는 거야. 내 생각에 사라는 우리 가운데 가장 운동을 잘하니까 반죽을 맡아. 캐리가 반죽을 틀로 찍으면 수잔이 그 위에 아몬드나 땅콩, 레몬 등으로 장식을 해. 다 되면 내가 쿠키 반죽 위에 올리브기름을 바르고 오븐에다 구울게. 알맞게 구워지면 꺼내서 식힐 테니까 제니퍼가 마지막으로 쿠키를 5개씩 포장하는 거야!"

리지는 친구들을 죽 돌아보며 물었습니다.

"내 생각 어때? 이렇게 하면 모두가 똑같이 쿠키를 만들 수 있어! 또, 혼자 만들 때보다 훨씬 재미있게 만들 수 있을 거야."

리지의 말에 친구들 모두 고개를 끄덕끄덕했습니다. 특히 제니퍼는 무척 기뻤던지 손뼉까지 치며 말했지요.

"집에 오븐이 없어서 어떻게 쿠키를 굽나 걱정했어. 다행이다! 이제 우리 함께 쿠키를 만들어서 자선 바자회에 나갈 수 있겠다!"

사라와 캐리도 안심한 표정으로 말했습니다.

"반죽이라면 내게 맡겨!"

"나도 틀로 찍는 거면 잘할 수 있어."

리지는 슬며시 수잔을 보았습니다. 다른 친구들보다 수잔이 마음에 걸렸거든요. 다행히 수잔도 방글방글 웃고 있었습니다.

"모두 기대해. 내가 정말 예쁜 쿠키를 만들어 줄 테니까."

그제야 리지는 마음이 푹 놓였습니다. 비로소 친구들이 한마음으로 함께할 수 있게 되었으니까요. 리지는 생긋 웃으며 친구들에게 말했습니다.

"얘들아. 우리 집에 있는 오븐이 가장 크니까 우리 집에 가서 쿠키 만들래?"

친구들은 신 나서 너도나도 찬성했지요.

"좋아!"

"빨리 가자!"

리지와 친구들은 잔뜩 들떠서 리지네 집으로 우르르 몰려갔습니다. 다섯 명이 사이좋게 주방에 섰지요. 사라는 밀가루와 우유, 버터, 소금을 넣고 휘휘 저은 다음 주물럭주물럭 반죽을 했고요. 사라가 반죽을 뚝뚝 떼 주면 캐리가 받아서 쿠키 틀로 꾹꾹 눌러 모양을 만들었지요. 수잔은 쿠키 반죽 위에 아몬드며 땅콩이며 초콜릿이며 레몬 등을 하나하나 조심스럽게 올렸습니다. 수잔이 장식한 쿠키 반죽을 리지에게 주면, 리지는 그 위에 올리브기름을 바르고 오븐에 넣었습니다. 시간을 맞추고 쿠키가 알맞게 구워지면 꺼내서 식혔지요. 완성된 쿠키는 캐리가 받아서 5개씩 예쁘게 포장했답니다.

각자 자기가 잘할 수 있는 일을 하기 때문일까요. 다섯 명 모두 맡은 일을 척척 해냈지요. 콧노래를 흥얼흥얼하며 신 나게 쿠키를 만들다 보니 어느새 저녁이 되었지 뭐예요. 시계를 본 제니퍼가 깜짝 놀라 말했습니다.

"어머, 벌써 일곱 시야. 엄마가 저녁식사 시간에 늦었다고 혼내시겠어."

사라와 캐리, 수잔도 얼른 앞치마를 벗었습니다.

"우리도 늦었어. 어서 집에 가자."

"리지야, 내일 또 쿠키 만들러 올게!"

친구들이 집으로 돌아가고 리지 혼자 남았지요. 리지는 테이블

위에 수북하게 쌓인 쿠키를 보았습니다.

"와, 정말 할아버지 말씀대로 일을 나눠서 하니까 좋다!"

오늘처럼 쿠키를 만들면 금방 산더미처럼 만들 수 있을 것만 같았습니다. 리지는 기쁘고 좋아서 어서 빨리 일요일이 되어 자선 바자회에 나가면 좋겠다고 생각했답니다.

마침내 일요일이 되었습니다. 리지와 친구들은 정성껏 만든 쿠키를 들고 자선 바자회에 나갔습니다. 조그맣게 자리를 만들고 쿠키를 팔기 시작했지요.

"쿠키 사세요, 고소하고 맛있는 쿠키예요."

"쿠키 사고 스텔라 보육원 아이들을 도와주세요."

리지와 친구들이 한창 쿠키를 팔고 있을 때였습니다. 중절모를 쓴 할아버지 한 분이 리지에게 다가와 말했습니다.

"꼬마 아가씨, 할아비에게도 쿠키를 주지 않으련?"

리지는 할아버지를 보고 눈이 동그래졌습니다. 얼마 전, 길가에서 우연히 만나 리지에게 '분업'을 가르쳐 주신 할아버지였지요!

리지는 할아버지에게 함박웃음을 지으며 말했습니다.

"네! 저희가 만든 달콤한 사랑 듬뿍 쿠키를 드릴게요!"

더 알아보기

『헨리 포드』는 어떤 사람일까요?

　20세기 미국의 자동차 왕이에요. 헨리 포드는 1863년에 미국의 디트로이트 시에서 태어났어요. 어릴 때부터 기계에 관심이 많았는데, 열세 살 때에 증기 자동차를 처음 보고 홀딱 빠져 버렸어요.
　"우아, 저렇게 신기한 기계가 있단 말이야? 나도 자동차를 갖고 싶어!"
　하지만 그때 자동차는 어마어마하게 비쌌어요. 돈 많은 부자들만 살 수 있었지요. 평범한 농부의 아들인 헨리 포드가 살 수 있는 물건이 아니었어요. 헨리는 주먹을 불끈 쥐고 다짐했답니다.

"내가 어른이 되면 꼭 값싸고 좋은 자동차를 만들겠어. 그래서 누구나 마음대로 자동차를 타고 다닐 수 있게 할 거야."

1903년, 헨리는 친구와 힘을 모아 자동차 회사를 세웠어요. 그리고 자신이 꿈꾸던 대로 자동차를 만들기 시작했지요. 하지만 헨리의 생각만큼 자동차를 많이 만들어 낼 수 없었어요. 기술자 한 사람이 일 년에 자동차 세 대를 겨우 만들었거든요. 자동차를 만드는 데 너무 많은 시간과 비용이 들어갔지요. 헨리는 고민에 빠졌어요.

"어떻게 해야 많은 자동차를 빨리빨리 만들어 낼 수 있을까?"

헨리는 짧은 시간에 많은 자동차를 만들어야 시간과 비용을 절약하고, 자동차 가격을 낮출 수 있다고 생각했거든요. 자동차의 가격이 낮아져야 많은 사람이 부담 없이 자동차를 살 수 있을 테니까요. 고민 끝에 헨리는 한 가지 방법을 떠올렸어요.

"그래, 여러 사람이 일을 나눠서 하는 거야! 그러면 혼자서 자동차를 만들 때보다 시간과 비용을 절약할 수 있겠지."

헨리는 자동차를 만드는 과정을 여러 단계로 나누었어요. 그리고 여러 사람이 각 단계를 나누어 맡게 했지요. 이제 사람들은 각자 자기가 맡은 일만 하면 되었어요. 자동차 바퀴를 다는 사람은 바퀴만 달고, 문짝을 다는 사람은 문짝만 달고…….

그 결과는 놀라웠어요. 자동차를 만드는 속도가 엄청나게 빨라졌지요. 1914년에는 무려 자동차 1대를 90분 만에 만들 수 있게 되었답니다. 자동차를 만드는 비용도 확 줄어들었고요.

자동차를 만드는 시간과 비용을 절약한 덕분에 자동차의 가격을 낮출 수 있었어요. 그러자 예전에는 엄두도 내지 못했던 사람들도 자동차를 사게 되었지요. 헨리의 자동차 회사는 많은 자동차를 팔았고, 회사의 이익도 폭발적으로 늘어났어요. 얼마 지나지 않아 헨리의 자동차 회사는 다른 경쟁 회사들을 물리치고 일등 자동차 기업이 되었답니다. 그 기업이 바로 지금도 유명한 포드사예요.

생산성

기업에서 이익을 내려면 어떻게 해야 할까요?

　기업은 물건을 만들어서 사람들에게 돈을 받고 팔아요. 사람들이 물건을 사는 가격에서 기업이 물건을 만드는 비용을 뺀 금액이 바로 기업이 갖는 이윤이에요. 기업의 목표는 많은 이윤을 남기는 것이에요. 기업은 이윤을 많이 남길수록 돈을 많이 벌 수 있고, 벌어 들인 돈으로 더 좋은 물건을 만들 수 있답니다. 그래서 기업은 보다 많은 이윤을 남기기 위해 여러모로 노력해요. 기업의 이윤 추구에는 어떤 경제 원리가 작용하는지 살펴볼까요?

생산성이란 무엇일까요?

　기업이 이윤을 추구하려면 가장 중요한 요소가 바로 생산성을 높이는 일이에요. 생산성이 뭐냐고요? 생산성은 어떤 물건을 만들 때 원재료, 비용, 시간 등이 얼마나 알뜰하게 잘 활용되었는지 나타내는 개념이랍니다. 가격이 같은 물건을 만들 때, 재료를 적게 들여도 잘 만드는 쪽이 물건을 만드는 비용을 절약하고 이윤을 많이 남길 수 있겠지요. 물론 불량품을 적게 만드는 것도 비용과 시간을 절약하는 데 중요할 테고요.

　예를 들어 볼게요. A기업과 B기업이 똑같은 자전거를 만들어요. 그런데 A기업은 10만원으로 자전거 1대를 만들고, B기업은 5만원으로 만들어 내요. 두 기업이 만든 자전거의 가격은 15만원으로 똑같다고 할 때, A기업과 B기업 중 어느 쪽이 더 많은 이윤을 남길까요? 바로 B기업이지요. 똑같은 자전거를 1대 팔았을 때 A기업은 5만원을 남기지만, B기업은 10만원을 남기니까요.

　마찬가지로 같은 시간에 더 많은 물건을 만들면 많이 팔 수 있어서 그만큼 이윤이 많이 생긴답니다. 하루에 자전거를 5대 만드는 기업보다 10대 만드는 기업이 자전거를 더 많이 팔 수 있겠지요?

　이처럼 생산성이 높아지면 원재료, 비용, 시간 등을 알뜰하게 잘 활용하여 이윤을 많이 남길 수 있어요. 반대로 생산성이 낮아지면 원재료, 비용, 시간 등이 많이 들어가니까 그만큼 이윤이 적어진답니다.

분업이란 무엇일까요?

기업의 목표는 이윤 추구예요. 기업은 이윤을 보다 많이 남기기 위해 생산성을 높이려고 애쓰지요. 그렇다면 어떻게 생산성을 높일 수 있을까요? 헨리 포드는 '분업'에서 그 답을 찾으려 했어요.

분업을 간단히 설명하면 어떤 일을 여럿이서 나눠서 하는 형태를 말해요. 하나의 일을 하는 과정을 작은 단위로 쪼개서 각자 일정한 부분을 맡아 하지요. 예를 들어 자전거를 분업의 형태로 만든다고 생각해 볼까요?

자전거는 몸체, 바퀴, 페달, 핸들, 안장, 브레이크, 체인 등 여러 부품이 모여 하나로 조립되어 만들어진답니다. 만약 혼자서 자전거 부품을 하나하나 다 만들어서 조립해야 한다면 아마 시간은 오래 걸리고 힘은 많이 들겠지요. 그러나 바퀴를 만드는 사람, 페달을 만드는 사람, 핸들을 만드는 사람, 브레이크를 만드는 사람, 체인을 만드는 사람이 따로따로 있으면 어떨까요? 각각 부품을 받아서 뚝딱뚝딱 조립하면 자전거 한 대가 짠!

이처럼 큰일을 조각 조각 나눠서 일하는 형태가 바로 분업이에요. 분업은 어떤 일을 하는 데 들어가는 시간과 비용을 절약해서 생산성을 높여 준답니다.

전문화란 무엇일까요?

한 가지 일을 되풀이해서 오래하다 보면, 능숙해져서 일하는 속도도 빨라지고 똑같은 물건도 더욱더 잘 만들게 돼요. 이처럼 특정한 부분의 일을 전문적으로 맡아서 하는 것을 전문화라고 해요. 전문화는 분업에서 필수적인 요소랍니다.

앞서 살펴보았듯 분업이란 한 가지 일을 여럿이서 나눠서 하는 형태예요. 그렇기에 각 부분에서 전문화가 이루어져야 분업이 원활하고 효율적으로 이루어질 수 있겠지요. 저마다 자기가 맡은 부분을 정확하고 신속히 처리해야 전체 일을 하는 시간을 절약할 수 있고, 불량률을 줄여서 비용도 아낄 수 있거든요. 이렇게 절약한 시간과 비용은 곧 생산성 증가로 연결되지요. 그래서 분업과 전문화는 생산성을 끌어올리는 데 아주 유용한 방법이 된답니다.

포드주의란 무엇일까요?

헨리 포드는 뛰어난 자동차 기술자이면서 탁월한 기업가였어요. 헨리 포드는 당시 2천 달러나 하던 자동차 한 대의 가격을 825달러로 내렸고, 나중에는 무려 300달러 이하까지 낮췄답니다. 헨리 포드 덕분에 많은 사람들이 저렴하게 자동차를 구입하여 타고 다닐 수 있었고, 미국은 본격적인 자동차 시대에 돌입하게 되었지요. 그래서 사람들은 헨리 포드를 가리켜 미국의 자동차 왕이라고 불러요.

헨리 포드가 자동차 한 대의 가격을 놀라우리만치 대폭 낮출 수 있었던 까닭은 독특한 생산 방식 덕분이에요. 헨리 포드는 자동차를 만드는 과정을 노동자

가 할 수 있는 단순 노동으로 세분화하고 컨베이어 시스템을 도입했답니다. 컨베이어에 조립해야 할 물건이 연달아 실려 오면 노동자들은 자신이 맡은 조립 작업을 반복적으로 했지요.

노동자 한 명이 조립하는 시간을 최소화하여 생산성을 높였지요. 또한, 헨리 포드는 자동차 모델을 딱 한 가지로 정해서 전문적으로 생산해 냈어요. 자동차 부품과 사용하는 도구를 똑같이 맞추어서 똑같은 자동차를 마치 찍어내듯 만들어 냈답니다. 생산성이 높아지면서 자연히 생산량도 늘어났고, 자동차 한 대를 만드는 데 들어가는 시간과 비용이 절약되면서 자동차 가격이 하락했지요. 그 덕분에 많은 사람들이 예전보다 손쉽게 자동차를 구매할 수 있게 되었고요. 이처럼 철저한 분업과 전문화를 통해 이루어 낸 소품종 대량 생산 체제를 포드주의라고 한답니다.

포드주의의 문제점은 무엇일까요?

포드주의는 높은 생산성을 거두는 대신 부작용이 뒤따랐어요. 컨베이어 시스템 속에서 사람들은 단순 작업을 무한 반복해야 했지요. 컨베이어가 부품을 실어 오는 속도에 맞춰서 기계처럼 일하고, 노동자의 개성과 창의성이 모조리 무시되었고요. 일하는 재미와 기쁨, 보람과 가치도 사라졌지요. 심지어 노동자마저도 조립 라인의 획일화된 부품 취급을 받으며 인간 존엄성을 해치게 되었답니다.

많은 사람이 포드주의의 부작용을 걱정했어요. 그 가운데 유명한 영화 배우 찰리 채플린도 있어요. 찰리 채플린은 영화 〈모던 타임스(1936)〉에서 포드주의를 강하게 비판했어요. 〈모던 타임스〉 속에서 찰리 채플린은 컨베이어 벨트 앞에서 나사를 조이는 일을 해요. 하지만 일을 제대로 하지 못해 허둥대다 결국 컨베이어 벨트의 톱니바퀴 속으로 빨려 들어가고 말아요. 이 장면을 통해 찰리 채플린은 노동자를 사람이 아니라 컨베이어 조립 라인의 일부로 생각하는 포드주의의 비인간성을 풍자했어요.

　찰리 채플린처럼 포드주의의 부작용을 염려하는 사람들이 늘어나면서 새로운 생산 방식이 나타나게 되었어요. 바로 포스트 포드주의랍니다. 포스트 포드주의는 포드주의와 반대로 분업을 줄이는 대신 여러 가지 협업으로 다품종 소량 생산을 추구해요. 또한, 단순 반복 작업에서 벗어나 창의적이고 자율적인 노동으로 생산성을 높이지요. 생산성을 높이는 동시에 노동자의 인간 존엄성을 지키는 생산 방식이 고민되고 있답니다.

『워렌 버핏』이 알려 주는 주식과 투자

6 나는 꼬마 주식 투자가

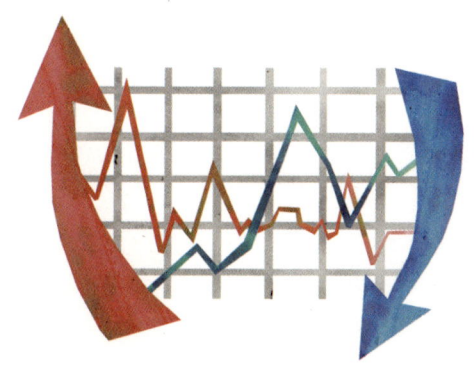

"준비됐습니다. 말씀만 하십시오."

수십 명의 하인이 허리를 굽실거리면서 말했다. 벤저민은 나비넥타이를 매만지면서 하인들을 둘러봤다. 마치 왕이 된 기분이었다.

"좋아요, 아주 좋아. 오늘은 아프리카로 여행을 다녀오겠어요."

"네. 전용 비행기 준비해 놓겠습니다."

벤저민의 집은 어마어마한 저택이었다. 집이 얼마나 큰지 집 안을 돌아다니려면 꼬마 기차를 타야 했다. 정원은 놀이공원처럼 꾸며져 있었다. 주차장에는 자동차 백 대가 나란히 놓여 있었고, 전용 비행기도 있었다. 분수대에서 달콤한 음료수 분수가 솟았으며, 솜사탕 기계에서는 끝없이 솜사탕이 나왔다. 모두 벤저민의 것이었다.

벤저민은 화려한 침대 위에 누웠다. 하인이 옆에 서서 초콜릿을 떠먹여 줬다. 벤저민은 입을 크게 벌리며 행복한 미소를 지었다.
"벤저민, 지금 뭐하는 거냐?"
"초콜릿 먹어요."
"침은 그만 흘리지?"
쿵.
"아쿠!"
벤저민은 책상에서 넘어졌다.
"와하하하!"
아이들이 웃음을 터트렸다. 벤저민은 어리둥절한 표정으로 교실을 둘러봤다. 솜사탕도, 초콜릿도, 분수대도 없었다.
"누가 교과서에 침을 흘리래? 교과서가 책상에 달라붙었구나."
프랭크 선생님이 벤저민의 교과서를 들면서 고개를 흔들었다. 또 한 번 아이들은 책상과 바닥을 두드리며 웃어 댔다.
"벤저민! 넌 커서 뭐가 되려고 그러니?"
"부자요! 전 세계 최고의 부자가 될 거예요!"
벤저민이 말했다.
"벤저민, 넌 분명히 부자가 될 거다. 잠 부자! 오늘 수업은 이것으로 끝내자. 잠 부자는 남아서 교실을 청소하도록 해라."
아이들이 모두 돌아가고 벤저민은 혼자 남아서 바닥을 닦고 책상을 정리했다.

"꿈이 정말 행복했는데……. 아, 부자는 정말 행복할 거야."

벤저민은 여전히 꿈속에 빠진 것처럼 황홀한 표정으로 중얼거렸다. 벤저민은 청소가 끝나자마자 강가로 달려갔다.

"이야호!"

벤저민은 버드나무 가지에 매단 타이어를 타고 점프했다.

풍덩.

강물이 튀었다. 제인과 찰리도 벤저민을 따라 강물 속으로 뛰어들었다. 한여름의 햇볕은 뜨거웠지만, 아이들은 즐겁기만 했다. 벤저민과 제인, 찰리는 동네에서 소문난 말썽쟁이 삼총사였지만, 아주 어렸을 때부터 함께 지낸 둘도 없는 친구들이었다.

"벤저민, 꿈속에서 먹던 초콜릿 맛은 어땠어?"

"맛있었지. 난 엄청난 부자가 돼 있었어."

제인의 질문에 벤저민이 나무에 매달린 채 대답했다. 찰리는 버찌를 따 먹느라고 정신이 없었다.

"난 이담에 도시로 나가서 자동차 수리를 하고 싶어."

찰리가 거뭇거뭇해진 입술을 빨면서 말했다.

"난 유치원 선생님이 되고 싶어. 그래서 아이들을 데리고 날마다 소풍을 갈 거야."

제인이 젖은 금발 머리를 흔들면서 말했다.

"난 부자가 될 거야. 세계 최고의 엄청난 부자. 그래서 집 안에 유치원도 만들고, 자동차 수리점도 만들 거야. 그러면 너희들이 우리 집에 와서 같이 놀면 돼."

벤저민이 어깨를 으쓱거리면서 자랑스럽게 말했다.

"벤저민, 세계 최고의 부자가 누구인지 알아?"
제인이 물었다.
"그건 아직 몰라."
"그것도 모르면서 부자가 어떻게 되니? 세계 최고의 부자는 빌 게이츠야. 2위는 워렌 버핏이고. 우리 아빠가 그랬어."
"빌 게이츠는 들어봤는데 워렌 버핏은 처음 들어봤는걸. 어떻게 돈을 벌었지? 벤저민, 부자는 어떻게 되는 거야?"
찰리가 물었다.
"부자는 돈을 많이 벌어야 되는 거야."
"그러니까 넌 돈을 어떻게 벌 건데?"
제인의 질문에 벤저민이 눈동자를 빙빙 돌렸다.

"아, 그건 말이지. 돈을 만드는 기계를 발명할 거야. 그래서 큰 공장에 돈 만드는 기계를 주르륵 세워 놓고 돈을 펑펑 계속 찍어 낼 거야. 써도 써도 다 못 쓸 만큼 계속 찍어 내는 거지. 하하하!"

"그거 정말 좋은 생각인걸! 나도 좀 주라."

찰리가 볼록 나온 배를 문지르며 웃었다.

그때 어디선가 철렁, 하는 소리가 났다. 아이들이 풀숲을 헤치고 소리가 나는 쪽으로 기어갔다. 밀짚모자를 쓴 할아버지가 낚시를 하고 있었다. 낚시가 서툰지 낚싯줄을 제대로 던지지 못하고 몇 번이고 되풀이했다.

"저 할아버지는 본 적이 없는데……. 우리 동네 사람이 아닌가 봐."

"나보다 낚시를 못한다. 미끼도 잘 못 끼우잖아."

아이들은 고개를 내밀고 쑥덕거렸다. 할아버지가 아이들을 알아보고는 손짓을 하며 미소를 지었다.

"할아버지, 누구세요?"

"휴가 왔지. 50년 만에 낚시를 하려니 잘 안 되네."

할아버지가 수줍은 듯 웃었다. 찰리는 할아버지의 낚시 바늘에 미끼를 끼웠고, 벤저민은 낚싯대를 멋지게 던졌다. 휙, 소리와 함께 강물 멀리 낚시 바늘이 날아갔다.

"너희들 솜씨가 보통이 아니구나."

"그럼요. 우리는 세 살 때부터 낚시를 했다고요."

제인이 자랑스럽게 말했다. 그렇게 한참을 기다렸지만, 고기는 한 마리도 잡히지 않았다. 아이들은 하품을 했고, 할아버지도 하품을 했다.

"물고기들도 모두 휴가를 떠났나 보구나."

할아버지가 수염을 쓰다듬으며 웃었다. 할아버지는 바구니에 싸 온 도시락을 꺼내서 아이들과 나눠 먹었다.

"너희는 어른이 되면 뭐가 하고 싶니?"

"부자요. 부자가 될 거예요. 할아버지는 부자가 되는 법 아세요?"

할아버지의 질문에 벤저민이 먼저 대답했다.

"할아버지가 부자가 되는 법을 어떻게 아니? 할아버지가 그 방법을 알면 진작 부자가 되셨겠지. 부자가 이런 데 와서 혼자 낚시를 할 리가 없잖아."

제인이 샌드위치를 씹으면서 눈짓을 했다.

"허허허, 맞다, 맞아."

할아버지도 따라 웃었다.

"저는요, 부자가 되는 법을 알아요. 이건 제가 연구한 건데요. 할아버지한테만 알려 드릴게요."

벤저민은 할아버지의 귀에 대고 속삭였다.

"돈 만드는 회사를 만드는 거래요. 그래서 그 회사에서 돈을 펑펑 찍어 낸대요."

제인이 벤저민보다 먼저 말했다. 벤저민은 얼굴을 찡그렸다.

"오호, 그것 참 대단한 방법인걸. 하지만 그건 좋은 방법은 아니로구나."

"왜요?"

"그런 방법을 쓰면 경찰에 당장 잡혀갈걸. 돈을 허락 없이 함부로 만드는 건 아주 나쁜 짓이야."

벤저민의 얼굴에 실망한 기색이 가득했다. 벤저민은 고개를 힘없이 떨어뜨렸다. 맛있게 먹던 샌드위치마저 씹지 않았다. 할아버지는 벤저민의 머리카락을 쓰다듬었다.

"벤저민, 그렇게 실망하지 마라. 돈을 만드는 회사가 아니라 주식을 만드는 회사를 세우면 되지. 그러면 충분히 부자가 될 수 있을 거야."

"주식을 만들어요?"

아이들은 서로 쳐다봤다.

"주식은 돈과 비슷한 가치를 지닌 거야. 회사의 소유권을 나타내는 거지. 세계에서 최고 부자가 누구인지 아니?"

"빌 게이츠요. 그리고 워렌……."

"워렌 버핏!"

제인이 끼어들었다.

"그래, 빌 게이츠와 워렌 버핏. 두 사람이 가진 재산은 어마어마하지. 할아버지는 그 두 사람이 어떻게 부자가 됐는지 알고 있어. 그 방법을 알려 줄까?"

벤저민뿐만 아니라 찰리와 제인의 눈동자가 반짝였다.

"빌 게이츠와 워렌 버핏 모두 주식 덕분에 부자가 된 사람이야. 빌 게이츠는 마이크로소프트를 창업하면서 주식을 발행했지. 워렌 버핏도 주식 투자로 부자가 됐어. 워렌 버핏은 열한 살 때 처음 주식 투자를 했다더구나."

"주식 투자요?"

"주식 투자는 주식을 사고파는 거야. 회사가 발전하면 주식의 가격이 올라가거든. 그런 회사의 주식을 미리 사두는 거야. 싼 가격에 주식을 사서 비싸게 팔면 돈을 많이 벌 수 있는 거란다."

"아하!"

벤저민은 고개를 끄덕였다.

"하지만 주식 투자는 위험한 거야. 잘못해서 나쁜 회사에 투자를 하면 큰돈을 잃을 수 있거든. 그래서 무척 조심하고 심사숙고해서 투자를 해야 하지."

"그러면 좋은 회사에 투자를 하면 돈을 벌 수 있는 거잖아요? 그것 참 쉬운 거 아니에요?"

제인이 말했다. 할아버지는 고개를 끄덕였다.

"물론 좋은 회사에 투자하면 되지. 하지만 좋은 회사를 알아 내는 건 그리 쉬운 일이 아니야. 너희는 플라스틱 장난감을 만드는 회사와 태양열 에너지를 연구하는 회사 가운데 어느 회사의 주식 가격이 더 올라갈 것 같니?"

"그거야 당연히 플라스틱 장난감을 만드는 회사지요."

아이들이 동시에 대답했다.

"그건 왜?"

"아이들은 누구나 장난감을 좋아하니까요. 장난감은 계속 팔릴걸요."

할아버지는 미소를 지었지만 고개를 흔들었다.

"나는 그렇게 생각하지 않는단다. 플라스틱 장난감은 석유로 만들지. 플라스틱은 환경을 오염시키는 물질이야. 하지만 태양열은 지구를 살리는 대체 에너지지. 앞으로 석유는 점점 고갈될 테고,

지구는 심각하게 오염되고 있어. 그러니까 머지않아 플라스틱 장난감보다는 태양열 에너지가 더 필요한 사회가 될 거야. 주식 투자를 한다면 바로 미래의 전망을 내다보고 해야 한단다."

"와, 생각처럼 쉽지 않은 걸요. 난 할아버지가 무슨 말을 하는지 못 알아듣겠어요."

찰리가 배를 문지르며 혀를 내둘렀다. 시원한 바람이 불어 오며 더위를 식혀 주었다. 새끼 물새들이 삐약삐약 엄마 새를 따라 헤엄쳤다.

"할아버지, 아까 돈을 만드는 회사가 아니라 주식을 만드는 회사를 세우면 부자가 될 수 있다고 하셨잖아요. 빌 게이츠도 주식을 만드는 회사를 만들었다고 그러셨고요. 그런 회사는 어떻게 만들어요?"

"벤저민이 우주 여행을 할 수 있는 우주선을 만드는 회사를 세운다고 해 보자. 그런데 우주선을 만드는 회사를 세우려면 공장을 짓고, 직원을 뽑아 월급을 줘야 하지? 돈이 많이 들 거야."

"네. 그럴 거예요. 저는 우주선 만드는 회사를 세울 정도로 돈이 없는데요."

벤저민이 어깨를 으쓱하면서 푸념했다.

"아니야, 그렇지 않아. 주식회사를 세우면 돼. 벤저민은 주식을 발행하는 거야. 사람들이 벤저민의 회사를 보고 훌륭한 회사라고 판단이 되면 벤저민의 회사 주식을 살 거야. 주식을 팔아서 모은 돈으로 세워진 회사를 주식회사라고 하지. 그렇게 주식을 많이 팔면 아주 큰돈이 모일 테고, 벤저민은 그 돈으로 큰 회사를 세우면 되는 거야."

"와! 주식회사라는 게 그런 거구나! 빌 게이츠도 그렇게 회사를 세운 거예요?"

"그래. 빌 게이츠도 그렇게 큰 회사를 세운 거야."

"그런데 할아버지, 주식회사의 주인은 누구예요? 벤저민이 회사를 세웠다고 해도 돈을 낸 사람이 주인이 아니에요?"

"그래. 주식회사의 주인은 주식을 가진 사람이 주인이야. 그런 사람을 주주라고 부르지. 회사가 잘 되어서 돈을 벌면 주주들에게 배당금이란 걸 준단다."

"아하! 좋은 회사를 찾아서 주식을 사야겠네요."

제인이 웃으면서 손뼉을 쳤다.

"제인, 찰리, 내가 회사를 세우면 주식을 사줄 거지?"

벤저민이 물었다.

"그건 생각 좀 해 봐야겠어. 지금 널 보면 네가 세운 회사는 하루도 못 가 망할 것 같은걸."

"뭐가 어째?"

벤저민이 펄쩍 뛰었다. 제인과 찰리가 웃으면서 도망쳤다.

해는 어느새 뉘엿뉘엿 서쪽으로 기울었고, 강 저편에서 붉은 저녁노을이 피어올랐다. 할아버지는 낚싯대를 접고, 도시락 바구니를 챙겼다. 벤저민은 할아버지와 헤어지면서 말했다.

"할아버지, 안녕히 가세요! 제가 주식회사를 세우면 할아버지를 꼭 초대할게요!"

"나도 네가 세운 회사라면 꼭 주식을 사서 주주가 되마."

할아버지는 낡은 승용차를 몰고 저녁노을 속으로 사라졌다.

다음 날, 벤저민은 아빠에게 부탁해 은행에 저금해 놓은 돈을 꺼냈다. 그리고 그 돈을 모두 주식에 투자했다. 할아버지가 가르쳐 준 태양열 에너지를 연구하는 솔라파워테크놀로지라는 회사였다. 그 회사의 주식은 1주에 5달러 정도였고, 벤저민은 50주를 샀다.

"아빠, 나도 이제 회사 주인이에요. 솔라파워테크놀로지의 주주라고요."

벤저민은 학교가 끝나면 날마다 인터넷으로 주식을 살펴봤다. 솔라파워테크놀로지의 주가가 얼마나 올랐는지 궁금했기 때문이다. 날마다 조금 오르기도 했고 떨어지기도 했지만, 큰 변동은 없었다.

그런데 한 달 후, 솔라파워테크놀로지에서 태양열 에너지를 최대 속도로 충전하는 신기술을 발표했다는 뉴스가 나왔다. 1주에 5달러였던 주가는 세 배나 올라 15달러가 됐다. 벤저민이 투자한 250달러가 750달러가 된 것이다.

"아빠, 내 주식이 계속 올라가고 있어요!"

벤저민이 인터넷을 살펴보며 소리쳤다. 하지만 아빠는 찌푸린 얼굴로 머리를 긁적거렸다.

"나도 솔라파워테크놀로지에 투자를 할 걸. 석유 회사에 투자를 했더니 주가가 절반으로 떨어져 버렸어. 벤저민, 넌 그 회사를 어떻게 알았니?"

"어떤 할아버지가 알려 주셨어요. 그리고 주가가 올랐다고 금방 팔지는 말라고 하셨어요. 길게 보면서 생각하라고요."

"대단한 할아버지로구나. 워렌 버핏도 그 정도로 정확하게 알지는 못했을 거야."

아빠는 책장에서 워렌 버핏이 쓴 책을 꺼내 펼쳤다. 그런데 그 책의 뒷면에 사진이 담겨 있었다.

"어? 그 책에 있는 사진은……?"

"이 사람이 워렌 버핏이야. '오마하의 현인'이라고 불리지. 아빠는 이분을 만나 보는 게 소원이란다."

"아빠, 제가 만난 할아버지가 바로 그분이에요! 제가 워렌 버핏을 만났다고요!"

"장난하지 마라, 벤저민. 워렌 버핏과 점심 한 끼를 하는데 내야 할 비용이 얼마인지 아니? 2백만 달러가 넘어. 그런 분이 우리 동네에 놀러 왔단 말이야?"

아빠는 고개를 흔들면서 침실로 들어갔다. 벤저민은 워렌 버핏의 책을 읽느라 밤이 새는 줄 몰랐다.

『워렌 버핏』은 어떤 사람일까요?

 워렌 버핏은 1930년 미국에서 태어났어요. 당시 미국은 대공황이란 어려움을 겪고 있었지요. 우리나라의 IMF 때처럼 국가 전체에 경제적인 위기가 닥쳐온 거예요. 이때 주식이 폭락해서 휴지 조각이 됐고, 회사들은 줄줄이 망했고, 많은 사람들이 직장을 잃고 거리로 쫓겨났어요.
 워렌 버핏의 아빠는 증권 회사에 다녔어요. 그런데 이때 증권 회사도 망해 버렸고, 아빠는 졸지에 실업자가 되고 말았지요. 아빠는 친구와 함께 아주 작은 증권 사무실을 차렸는데 돈을 거의 벌지 못했어요. 그래서 워렌 버핏의 집은 몹시 가난했지요.

　워렌 버핏은 열한 살 때 처음 주식이라는 것을 알게 됐어요. 아빠의 증권 사무실을 들락거리면서 놀다가 어깨 너머로 알게 된 거지요. 워렌 버핏은 주식을 사서 돈을 벌겠다는 생각으로 시티 서비스라는 회사의 주식을 3주 샀어요. 그런데 그 주식이 떨어졌다가 다시 오르기 시작한 거예요. 워렌 버핏은 최초의 주식 투자로 6000원을 벌었어요.

　워렌 버핏은 골프공을 주워 팔기도 하고, 경마 예상 정보지라는 걸 만들어 팔기도 했어요. 또 신문 배달도 하고, 핀볼 게임기 임대 장사도 했지요. 고장 난 중고 핀볼 게임기를 사서, 이발소나 술집 등의 가게에 빌려 주는 사업이었어요. 이익금은 가게 주인과 절반씩 나누었지요. 장사가 아주 잘 됐어요. 가게 주인들은 돈 한 푼 안 들이고 돈을 벌었으니까요.

　그러나 어른들은 나이 어린 워렌의 말을 잘 믿지 않았고, 무시하기도 했어요. 그래서 워렌은 회사 이름을 윌슨 동전조작 기계회사라고 지었어요. 누가 주문을 하면 워렌은 이렇게 말했어요.

　"저희 사장님이신 윌슨 씨께 말씀드리도록 하겠습니다. 저희 사장님은 매우 친절하고, 신속하신 분이십니다."

　그러나 실제로 윌슨이란 사람은 없었어요. 사장은 워렌 버핏이었지요. 윌슨이란 나이 많은 어른 사장이 있는 것처럼 말만 한 거예요. 워렌은 장사가 정말 재미있었어요. 돈도 많이 모았어요.

　워렌 버핏은 미국 최고의 명문대학 중 하나인 컬럼비아 대학원에 입학했어요. 그런데 이 대학원에서 워렌은 인생에서 가장 중요한 스승을 만나게 됐지요. 그 사람이 바로 벤 그레이엄 교수라는 분이에요. 워렌 버핏은 벤 그레이엄 교수에게 투자라는 게 무엇인지, 사업이라는 게 무엇인지 기초부터 다시 배우기 시작했어요.

　워렌 버핏은 투자 실력이 뛰어나고, 기부 활동도 열심히 하고 있어요. 그래서 그를 일컬어 '오마하의 현인'이라고 부르지요. 2010년 포브스 지는 워렌 버핏을 세계에서 3번째 부자로 선정했어요. 친구인 마이크로소프트를 설립한 빌 게이츠와 함께 전 세계의 부자들을 만나 기부 운동에 앞장서고 있지요.

주식과 투자

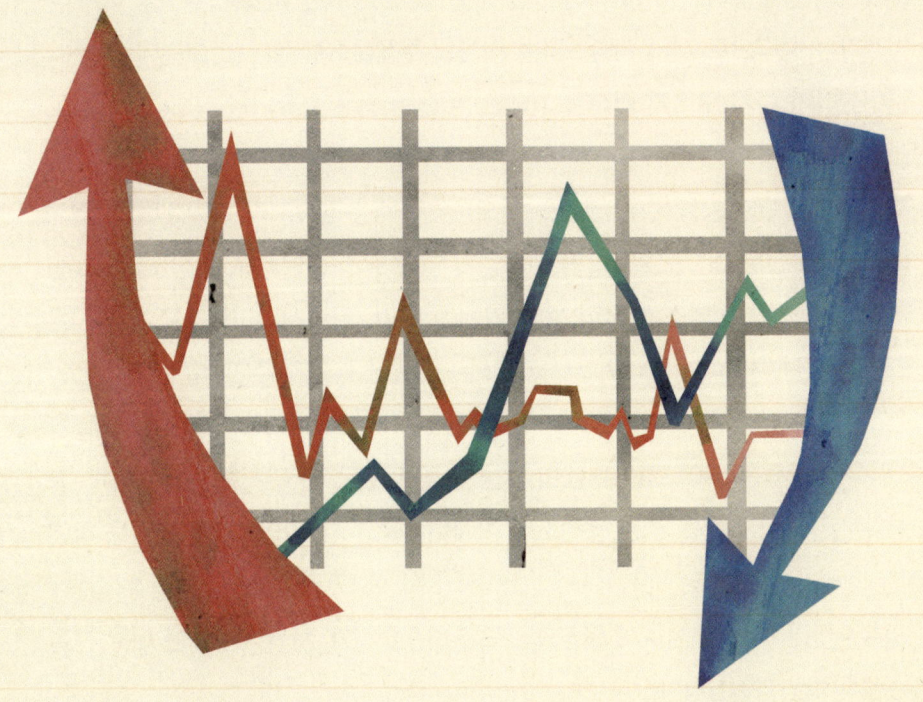

주식이란 무엇일까요?

사람들은 어떻게 하면 돈을 많이 벌까 하고 방법을 찾아요. 은행에 돈을 넣어 놓으면 이자가 붙어 돈이 늘어나기는 해요. 하지만 많이 늘어나지는 않지요. 이 은행에서는 그저 높은 이자를 주지 않거든요.

그래서 돈을 많이 늘리기 위해 사람들은 원금 자체가 늘어날 수 있는 방법을 찾아요. 이것을 바로 '투자'라고 하지요. 주식 투자는 바로 투자의 한 방법이랍니다. 주식이란 무엇이고, 주식 투자란 무엇인지 알아볼까요?

주식이란 무엇일까요?

어떤 사람이 신기한 기계를 만들었어요. 그런데 기계를 돌리려면 공장을 짓고, 직원들을 뽑아서 월급을 줘야 했어요. 그렇게 하자면 많은 돈이 필요해요. 이럴 때 이 사람은 '주식'이라는 것을 발행해요. 주식이란 회사의 소유권을 나타내는 증서예요. 주식을 팔아서 모은 돈으로 세워진 회사를 '주식회사'라고 불러요. 주식회사는 많은 사람들에게 주식을 팔아서 그 돈으로 회사를 운영하지요.

그렇다면 주식회사의 주인은 누구일까요? 주식을 가진 사람이 바로 주인이지요. 그래서 주식을 가진 사람이 회사의 주인이란 뜻에서 '주주'라고 불러요. 주식은 회사의 주인으로서 갖고 있는 권리를 표시한 문서예요.

주식의 가격은 왜 오르고 내릴까요?

한 사람이 주인이 되어 모든 책임을 지는 회사를 개인 회사라고 해요. 이런 회사는 대부분 규모가 작아요.

큰 회사를 만들려면 큰돈이 필요해요. 하지만 개인이 큰돈을 갖고 있지는 못해요. 그래서 다른 사람들에게 투자를 받아요. 투자를 받을 때 다른 사람들에게 주식이라는 것을 나눠 주지요. 이런 회사를 '주식회사'라고 해요.

예를 들어 볼게요. 상상 주식회사에서 주식을 1000주 발행했어요. 한 주의 가격은 1만 원이었어요. 그러면 1000만 원의 주식을 판 것이지요. 주식을 세는 단위는 주예요. 한 주, 두 주, 세 주……, 이렇게 세지요.

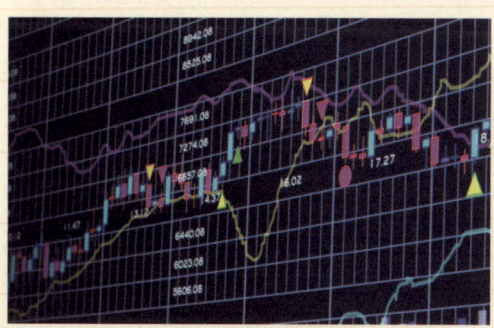

철수의 아빠는 주식을 10주 샀어요. 그러면 10만 원 어치를 산 것이지요. 그런데 상상 주식회사에서 만든 책이 엄청나게 잘 팔렸어요. 그러자 사람들은 앞으로 상상 주식회사가 무척 잘 될 거라고 생각하고 그 회사의 주식을 사려고 하지요. 그러면 상상 주식회사의 주식 가격이 올라가요.

한 주에 1만 원이던 상상 주식회사의 주식은 일주일 만에 한 주에 2만 원이 되었어요. 철수의 아빠는 10주를 20만 원에 팔았어요. 그러자 철수 아빠는 일주일 만에 10만 원을 벌게 되었지요. 이처럼 주식이란 회사의 가치에 따라 가격이 오르기도 하고 내려가기도 하지요.

주식 투자란 무엇일까요?

많은 사람들이 주식을 사고팔지요. 이것을 주식 투자라고 해요. 주식 투자를 하면 돈을 벌 수 있어요. 하지만 투자를 잘못하면 돈을 잃게 될 수도 있지요. 어떻게 투자를 해야 돈을 벌 수 있을까요?

주식에 투자를 하면 배당금이란 것을 받을 수 있어요. 주식회사가 잘 되어서 이윤을 얻게 되면 그 이윤 가운데 일부를 주주들에게 돌려줍니다. 이것을 바로 '배당금'이라고 해요.

또 주식을 산 가격보다 비싸게 팔면 돈을 벌 수 있지요. 즉 주식의 가격을 주가라고 해요. 주가가 오르면 오른 만큼 돈을 버는 거예요.

그런데 주식은 누구에게 파는 것일까요? 다른 사람에게 주식을 파는 것이지요. 주식을 사고파는 주식 시장에 주식을 내놓으면 다른 사람이 사는 거예요.

주식의 가격 즉 주가는 기업의 실적과 미래의 전망 등에 따라 오르고 내리지요. 따라서 앞으로 발전 가능성이 있는 주식을 사 두면 돈을 벌 수 있어요. 하지만 어떤 회사가 발전 가능성이 있는지 알아내기란 그렇게 쉽지는 않아요.

주식 투자를 한다고 반드시 돈을 벌 수 있는 것은 아니에요. 회사가 이윤을 많이 내지 못하면 회사의 가치가 떨어지고, 주식의 가격도 떨어져요. 그러면 주식을 산 사람들은 손해를 보게 되지요. 주식이란 오르기도 하고 떨어지기도 해요. 하루에도 여러 번씩 가격이 오르고 내리지요. 그러니 주식 투자를 잘못하면 큰돈을 잃을 수도 있으니 무척 조심하고 심사숙고해서 투자를 해야만 하지요.

은행에 넣어 놓으면 돈이 많이 늘지는 않지만 원금은 잃어버리지 않아요. 하지만 주식 투자를 잘못하면 원금까지 잃어버릴 수 있어요. 큰돈을 빨리 벌려고 욕심을 많이 부리면 투자에 실패하게 돼요. 투자에 실패해서 큰돈을 잃고 손해를 보는 사람들이 많지요.

주식 투자를 하려면 어떻게 해야 할까요?

물건을 사고파는 곳을 시장이라고 하지요. 주식을 사고파는 곳을 주식 시장이라고 해요. 주식 시장은 증권 회사에서 이뤄지지요. 증권 회사는 금융 기관의 하나예요. 주식을 사고팔려면 살 사람과 팔 사람이 서로 연결되어야 하는데 주식을 살 사람이 누구인지, 팔 사람이 누구인지 알기가 어렵기 때문에 증권 회사에 내놓는 거지요. 그러면 증권 회사에서는 살 사람과 팔 사람을 연결해 줘요.

또 주식이란 돈과 같은 것이에요. 살 사람과 팔 사람이 처음 만나서 돈을 주고받기가 어렵고 불편하지요. 마음 놓고 믿을 수도 없고요. 그래서 증권 회사를 통해서 하면 안전하게 거래를 할 수 있는 것이지요.

주식회사에서 주식을 발행해서 내놓을 때에도 증권 회사를 통해요. 그러므로 주식을 사려고 일부러 주식회사를 찾아갈 필요는 없이 증권 회사에 찾아가서 주식을 사면 되는 것이지요. 물론 증권 회사는 주식을 사거나 팔 때마다 수수료를 받지요.

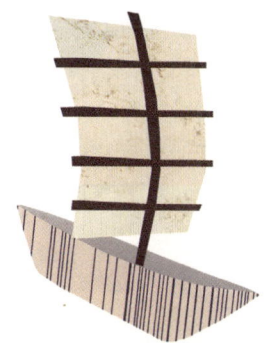

이른 아침부터 마을이 시끌벅적했어요.

무슨 일 때문이냐고요? 글쎄, 지난밤에 당나라 도적떼들이 나타났어요! 도적들은 곳간에 말려 둔 인삼을 모조리 훔쳐갔다지 뭐예요.

마을 사람들은 인삼을 훔쳐가는 도적떼 때문에 못 살겠다며 짜증을 냈지요. 한두 번도 아니고, 매번 인삼을 거둘 때만 되면 찾아오니 그럴 수밖에요.

때마침 당나라에 다녀오던 장보고는 마을 사람들의 이야기를 듣게 됐어요. 도적떼에게 습격을 당했다는 소리를 듣고 장보고가 심각하게 물었지요.

"다른 것은 도둑맞은 게 없소?"

장보고의 말에 마을 사람이 아주 당연하다는 듯 대꾸했어요.

"다른 건 손도 대지 않았다오. 곳간에 있는 쌀도, 농사지을 쇠붙

이도 가져가지 않았지."

"왜 하필 인삼만 훔쳐가는 걸까……?"

닭도 있고, 소도 있고, 다른 돈 되는 것들도 많은데 꼭 인삼만 훔쳐가다니. 장보고는 이상해서 고개를 갸웃했어요.

"인삼을 팔아서 번 돈으로 비단을 사려고 했는데. 그걸로 우리 어머니 비단 한복 입혀 드릴 참이었는데……. 이제 다 틀렸네."

쇠돌이가 가슴을 퉁퉁 치며 성을 냈어요.

"도적떼가 그렇게 자주 나타나면 관아에 이야기를 해서 지켜달라고 하면 될 것 아니오."

장보고가 물었더니, 쇠돌이는 답답한 듯 가슴을 툭툭 쳤어요.

"모르는 소리 마시오. 비싼 물건을 훔쳐 가는 것도 아니고. 인삼 훔쳐 간 것을 나서서 잡아 줄 것 같소?"

"이상하다. 당나라에서는 인삼이 아주 귀하던데."

그 말을 들은 장보고는 자기가 당나라에서 겪은 일을 떠올려 봤어요.

당나라에서는 인삼이 엄청 비쌌지요.

그렇게 값이 비싸도, 인삼 가게 앞은 늘 사람들로 북적거렸어요. 심지어 돈이 아무리 들어도 좋으니 인삼 한 뿌리만 살 수 있게 해 달라고 애원하는 사람도 있었답니다. 그렇게 비싼 인삼이 이상하게 우리나라에만 오면 싸고 흔해진단 말이에요.

또 한 가지, 재미있는 건 우리나라 사람들은 비단을 아주 비싼 값에 사지만 당나라에서는 비단을 싼 값에 마음껏 살 수 있다는 거예요. 우리나라에서는 비단 한 필을 구하기가 여간 어려운 일이 아닌데 말이에요.

"그나저나, 이 비단은 얼마에 산 거요?"

쇠돌이가 장보고의 옷자락을 매만지며 물었어요. 빛깔도 곱고 윤기가 자르르 한 것이 너무 곱고 좋아 보였나 봐요.

"엽전 세 냥 주고 샀소."

"에잇, 거짓말 마시오! 비단을 무슨 수로 그렇게 싸게 산단 말이오? 열 냥은 줬겠지."

쇠돌이는 장보고의 말을 믿으려고 하지 않았어요. 장보고는 허허 웃음을 터뜨렸지요.

"진짜 세 냥을 주고 샀다오. 당나라에서는 이런 비단을 더 싸게 살 수도 있지."

이튿날 장보고는 당나라에 다녀온 일을 보고하려고 궁궐로 갔어요. 그런데 궁궐이 발칵 뒤집혔지 뭐예요. 흥덕왕이 화가 나서 고래고래 소리를 치고 있었던 거예요.

"그 많은 군사들이 해적 하나 못 막아 내다니. 부끄러운 줄 아시오!"

"폐하, 용서하소서. 그들이 죽기 살기로 덤비는 지라, 차마 막아 내지 못하였습니다."

"에잇, 다들 꼴 보기 싫소. 물러가시오."

흥덕왕이 자리에서 벌떡 일어서 버렸어요. 장보고가 옆에 있는 벼슬아치에게 슬쩍 물어 봤지요.

"대체 무슨 일이오?"

벼슬아치가 소곤소곤 말해 줬어요.

"지금 바닷가 마을에 일본 해적들이 나타났답니다. 마을의 곡식이란 곡식은 닥치는 대로 훔쳐가고 있는데, 우리 병사들의 힘으로는 막을 수가 없답니다."

"전하, 신 장보고가 나서서 해적들을 잡아오겠습니다."

장보고가 벌떡 손을 들며 말했어요. 그 말에 흥덕왕의 얼굴이 밝아졌지요.

"좋소, 나는 그대만 믿겠소."

장보고는 군사들을 이끌고 바닷가 마을로 달려갔어요.

아니나 다를까, 그곳에는 해적들이 나타나서 노략질을 하고 있었지요. 장보고는 칼을 뽑아들고 외쳤어요.

"당장 저놈들을 잡아들

여라!"
　장보고의 말이 떨어지기 무섭게 병사들이 해적들을 쫓아갔지요. 한참 엎치락뒤치락하는 싸움 끝에 해적들을 모조리 잡아들일 수 있었어요. 해적들은 훔쳐 가려던 곡식들을 모조리 내어놓고 목숨만 살려 달라고 빌었지요.

"이놈들! 백성들이 피땀 흘려 농사지은 것들을 힘으로 빼앗아 가려 하다니, 대체 왜 너희 나라 것을 두고 우리 백성들의 것을 빼앗으려고 하는 것이냐!"
　장보고의 말에 해적들이 머리를 조아렸어요.
"용서하십시오. 곡식이 필요해서 그랬습니다. 벌써 몇 년째 가뭄이 들어서 사람들이 굶어 죽어가고 있습니다. 먹을 게 부족하니……. 다른 나라 백성들 것을 노략질해서라도 곡식을 구해야겠다는 생각밖에 없었습니다."
　일본 해적들은 배에 실어 둔 은화를 보여 주며 살려 달라고 했어요.
"저기…… 저희에게는 은이 충분히 있습니다. 이걸로 곡식을 살 수 있을까요?"

7장 장보고가 알려 주는 무역　133

그 말을 들은 장보고는 좋은 생각이 떠올랐어요!
 인삼이 부족한 당나라 사람들에게는 인삼을 팔고, 대신 신라에 귀한 비단을 사 오는 거예요. 그리고 쌀이 귀한 일본 사람들에게는 쌀을 팔고, 은을 가져 오는 거예요. 그러면 서로에게 다 좋은 일이 되지 않겠어요?

 장보고는 곧장 흥덕왕에게 달려갔어요.
 "폐하, 저에게 해적들을 막을 수 있는 섬 하나를 내어 주소서."
 "섬을 달라고?"
 "예, 그리해 주신다면 그곳에 군사 기지를 설치하고 해적이 얼씬하지 못하도록 지키겠습니다."
 그 말을 들은 흥덕왕은 흔쾌히 섬을 내어 주었어요.

흥덕왕이 준 섬은 '완도'라는 곳이었지요.
장보고는 그곳을 '청해진'이라고 이름 붙이고, 군사 기지를 세웠어요. 장보고는 잘 훈련된 병사들로 하여금 밤낮없이 바닷길을 지키게 했지요. 덕분에 청해진 근처로는 해적선이 다닐 수가 없게 됐어요. 바다가 안정되자, 장보고는 원래 꿈꿨던 것을 실현하기로 마음먹었어요.
장보고는 청해진에다가 무역 기지를 만들 작정이었답니다.
"당나라 상인과 일본 상인들이 이 섬에 와서 장사를 할 수 있도록 허락한다."
장보고의 말을 들은 상인들이 구름떼처럼 몰려들었어요.
장보고는 상인들에게 말했지요.
"당나라에선 비단이 많아서 싸게 살 수 있다고 들었소. 헌데 우리나라에선 비단은 아주 귀하고 비싼 물건이지. 우리에게 비단을 파시오. 그렇다면 우리의 인삼을 팔겠소."
그 말에 당나라 사람들은 기뻐서 어쩔 줄 몰랐지요.
당나라에는 넘쳐 나는 것이 비단인데, 그것을 이용해서 부족한 인삼을 구할 수 있다니 얼마나 좋아요.
"좋소! 비단은 얼마든지 드릴 수 있소! 대신 우리에게 인삼만 넉넉히 주시오."
장보고는 일본 사람에게도 말했어요.
"일본에 흉년이 들어 사람들이 굶어 죽는다는 사실은 안타깝지만, 그렇다고 우리 백성의 곡식을 빼앗는 건 가만 놔 둘 수 없소. 우리 것을 빼앗아가는 일은 허락할 수 없지만, 곡식을 파는 것은 얼마든지 가능하오."

그 말을 들은 일본 사람들이 소리쳤어요.

"나리, 우리에겐 곡식이 금이나 은보다 더 귀합니다. 그것으로 곡식을 살 수 있게 해 주신다면, 다시는 백성들을 괴롭히지 않겠습니다."

하긴, 일본에는 금광이나 은광이 많아서 금이나 은은 많이 구할 수 있지만 곡식이 없어 고생일 텐데, 그런 일본 사람들에게 금이나 은을 받고 부족한 곡식을 팔겠다니 또 얼마나 좋겠어요.

"이야, 한 해 동안 인삼 농사 지은 것을 전부 다 팔아도 비단 한 필을 살 수가 없었는데, 무역을 하게 되니 질 좋은 비단을 이렇게 싼값에 살 수 있구나!"

쇠돌이도 어깨춤을 덩실덩실 추었어요.

장보고는 청해진을 열고, 당나라 사람들과 일본 사람들이 마음껏 오가며 장사를 할 수 있도록 했어요.

장보고가 세운 청해진은 나날이 안정되어 갔어요. 일본과 당나라 상인들은 물론이고 멀리 아라비아, 인도에서까지 상인들이 찾아왔지요. 상인들은 돈이나 물건을 내어 놓고, 각자 자기 나라에 필

요한 것들을 구해서 돌아갔어요. 덕분에 사람들은 싼 값에 좋은 물건을 쉽게 구할 수 있게 됐지요.

참, 어머니께 비단옷 해 드리고 싶다던 쇠돌이는 어떻게 됐냐고요? 당나라 사람들에게 인삼을 팔고, 그 돈으로 당나라에서 난 비단을 샀다지요. 덕분에 어머니께 선물을 해 드릴 수 있게 됐다며 얼마나 좋아했는지 몰라요.

장보고를 찾아와서 몇 번이나 머리를 조아리며 인사도 했대요.

"고맙습니다, 나리. 나리 덕분에 흔한 물건은 팔고, 필요한 물건을 살 수 있게 됐습니다."

더 알아보기

『장보고』는 누구일까요?

장보고는 통일 신라 시대의 인물입니다. 장보고는 원래 신라에서는 벼슬을 할 수 없는 신분이었습니다. 하지만 장군이 되고 싶다는 꿈을 버릴 수 없었지요. 그래서 장보고는 당나라로 건너가서 장군이 되었답니다. 말도 통하지 않고, 아는 사람도 하나 없는 남의 나라에서 장군이 되기까지, 얼마나 힘이 들었을지는 말로 표현할 수 없을 거예요.

장보고는 그렇게 고생해서 높은 벼슬도 얻고, 큰돈을 벌었지만 고향을 늘 그리워했습니다. 들끓는 해적들 때문에 마음 놓고 쉬지 못하는 백성들을 생각하면 걱정이

앞섰지요. 고민하던 장보고는 모든 것을 버리고 신라로 돌아갔습니다. 그리고 해적을 없애고, 당나라와 일본, 우리나라의 바닷길을 잇는 섬 '완도'에 청해진을 설치하여 무역을 시작했습니다.

장보고는 당나라에 '견당매물사'라는 무역선을 보내서 물건을 사들이고, 우리나라 물건을 팔고, 또 일본에다가 '무역 사절단'을 보내어 당나라에서 사온 물건과 신라에서 난 물건을 팔았습니다.

청해진은 무역 기지로 널리 알려져서, 일본이나 당나라 상인은 물론 멀리 인도와 아라비아 상인들까지 찾아오는 곳이 되었지요. 장보고의 힘은 날이 갈수록 늘어갔습니다. 그러자 장보고가 권력을 빼앗으면 어쩌나 하고 두려워진 신라의 귀족들은 그를 모함하여 죽이기로 했습니다. 846년, 장보고는 신라 왕실에서 보낸 자객의 칼에 맞아 숨을 거두고 말았답니다.

장보고가 죽고 얼마 지나지 않아서 청해진도 문을 닫게 된답니다. 상인들은 자신들을 보호하고, 지켜 줄 장보고가 없는 청해진을 찾으려고 하지 않았지요. 결국 청해진은 쓸쓸하게 역사의 뒤안길로 사라지고 말았지요.

청해진 장수들이 회의를 했다고 전해지는 장군 바위 ©doopedia

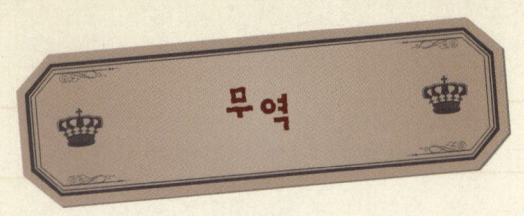

무역

무역이란 무엇일까요?

사람들이 자기가 필요한 것을 전부 만들어 쓰기에는 한계가 있는 법이지요. 사람의 능력도 제각각이고, 살아가는 환경도 저마다 다르니까요. 그래서 사람들은 물건을 사고팔아 자기에게 필요한 것을 구하기 시작했답니다. 이러한 교환의 형태가 더 커져서 나라와 나라끼리 각자 필요한 물건을 사고파는 것을 바로 무역이라고 하지요. 무역이 필요한 까닭과 무역을 했을 때 좋은 점, 나쁜 점 등에 대해 자세히 알아볼까요?

무역은 왜 필요할까요?

나라와 나라끼리 무역이 필요한 까닭은 각 나라의 기후와 자원, 노동력과 과학, 기술 등이 다르기 때문입니다. 우리나라 같은 경우 석유가 한 방울도 나지 않지만, 중동 지역에 있는 나라의 경우 석유가 많이 나지요. 우리나라는 필요한 석유를 중동 지역에서 사 오고, 다른 물건을 판답니다. 물건을 사는 것을 수입이라고 하고, 물건을 파는 것을 수출이라고 하지요.

만약 우리가 석유를 수입할 수 없다고 생각해 보세요. 난방도 마음대로 할 수 없을 것이고, 자동차도 다닐 수 없게 되겠지요. 그러면 석유 에너지를 쓸 수 있는 나라와는 비교가 되지 않는 낙후된 환경에서 살게 될 것입니다. 무역을 할 수 있기 때문에 사람들의 필요를 충족하고, 나라와 나라 간의 경제 균형도 유지할 수 있는 것이랍니다.

무역을 통해서 돈이 들어오고 나가는 것을 무역 수지라고 해요. 수출하여 벌어들인 돈이 수입하느라 쓴 돈보다 많으면 무역 수지는 흑자가 되고, 그 반대이면 적자가 되지요.

무역에는 어떤 종류가 있을까요?

무역에는 여러 가지 종류가 있습니다. 나라와 나라끼리 직접적으로 물건을 사고파는 형태도 있고, 무역업자가 외국에서 상품을 수입하여 그 물건을 가공한 다음 다른 나라에 수출하는 방식도 있습니다. 이것을 중계 무역이라고 하지요. 중계 무역

은 주로 천연 자원은 부족하지만 공업 기술이 발달한 나라에서 많이 활용되고 있답니다.

나라끼리 무역을 하는 여러 가지 방법

　나라끼리 무역을 하게 되면서 대부분의 나라에서는 다른 나라에서 만든 물건을 수입하기보다는 자기 나라 물건을 수출하고 싶어 했어요. 수출을 하면 돈을 많이 벌 수 있지만, 수입을 많이 하게 되면 자기 나라의 산업이 영향을 받아서 나빠질 수도 있다고 생각한 거예요.

　예를 들어서 자기 나라에 자동차 공장이 있는데, 다른 나라에서 만든 차를 수입해 오게 되면 자동차 산업이 잘 되지 않을 거라고 생각한 거예요. 그래서 각 나라들은 저마다 자기 나라 산업을 보호하기 위한 여러 가지 제도를 만들었어요. 다른 나라 물건을 수입할 때 비싼 세금을 매겨서, 싼 값에 물건을 들여오지 못하도록 만들기도 했지요.

　이렇게 자기 나라의 산업을 보호하기 위해 여러 가지 제도로 제한하는 무역 방법을 '보호 무역'이라고 해요. 이와 반대로, 어떤 상품이든 마음대로 수입하고, 수출할 수 있도록 하는 무역 방법을 '자유 무역'이라고 하지요.

　19세기까지만 하더라도, 대부분의 나라는 자유 무역보다는 보호 무역의 방식으로 무역을 했어요. 그래서 수입품에 비싼 세금을 매기고, 자기네 나라 물건을 수출할 수 있는 나라의 물건만 수입할 수 있도록 하기도 했지요. 하지만 경제 전문가들은 경제 회복을 위해서는 자유 무역이 이루어져야 한다고 주장했지요. 오늘날에도 자유 무역과 보호 무역 사이에서 많은 나라가 협의를 하고 있어요.

　1944년, 미국에서 44개 대표들이 모여서 자유 무역을 위한 방법을 토론했어요. 이후 각 나라의 총재들은 국제통화기금(IMF)과 국제부흥개발은행(IBRD) 같은 경제 기구를 만들고 관세 및 무역에 관한 여러 가지 협정(GATT)을 맺었지요.

이런 기구가 세계의 무역을 원활하게 해 준다는 의견과 함께 미국 중심의 세계 경제를 가져온다는 비판도 있어요.

세계의 금융 기구는 어떤 일을 할까요?

국제통화기금 (IMF)

세계 2차 대전 이후 1944년 체결된 미국 브레턴우즈 협정에 따라 설립된 금융 기구입니다. IMF는 쉽게 말해 국제 은행 같은 곳이랍니다. 1인당 소득이 일정 수준에 이르는 국가만 가입할 수 있는데, 현재 185개의 나라가 회원국으로 가입되어 있답니다. IMF는 주로 갑작스럽게 외환위기를 맞은 나라에 돈을 빌려주고, 경제가 안정될 수 있도록 돕는 일을 하지요.

국제부흥개발은행 (IBRD)

국제통화기금과 마찬가지로 세계 2차 대전 이후 만들어진 은행이에요. 국제부흥개발은행에서는 주로 개발도상국에서 갖고 사업체에 투자를 하는 일을 맡고 있어요. 국제부흥개발은행의 목적은 개발도상국의 경제를 개발시키고, 세계 경제를 부흥시키는 것이지요.

세계무역기구 (WTO)

1948년, 세계 여러 나라는 관세 및 무역에 관한 협약을 맺었습니다. 이것을 GATT라고 하지요. 그런데 막상 협약은 맺었지만, 무역 분쟁이 일어나는 나라의 문제는 해결하기가 어려웠습니다. 그래서 1995년 만들어진 것이 세계무역기구입니다.

세계무역기구는 무역으로 인한 분쟁을 막을 수 있는 강한 권한을 가진 기구로, 현재 147개국이 가입되어 있으며, 러시아와 베트남, 사우디아라비아 등이 가입을 준비하고 있습니다.

『봉이 김선달』이 알려 주는 공공재

8 닭더러 봉이래서 봉이 김선달!

어느 깊은 두메산골에 가난한 농사꾼이 살았는데, 이름이 만복이야.

만복이는 먹을 거 안 먹고, 입을 거 안 입고 그렇게 한 푼, 두 푼 돈을 모았지. 주머니가 제법 묵직해질 만큼 돈을 모은 만복이는 한양 구경을 갔어. 한양 구경 실컷 해 보는 게 만복이 소원이었던 게지.

아무튼, 이래저래 다니는데 신기한 게 좀 많았겠어? 저자거리 여기를 봐도 눈이 휘둥글, 저기를 봐도 눈이 휘둥글! 가는 곳마다 보는 것마다 입이 쩍 벌어질 지경이었지.

"와아!"

그렇게 구경하던 만복이가 우뚝 멈춰 섰어. 눈앞에 난생 처음보는 짐승이 있었거든. 생긴 건 꼭 닭처럼 생겼는데 새까만 것이 닭보다는 좀 더 큰 것 같고. 부리가 닭처럼 생긴 것 같기도 하고, 오

8장 봉이 김선달이 알려 주는 공공재 145

리처럼 생긴 것 같기도 하고.

"주인장, 이게 무슨 동물이요?"

만복이가 주인더러 물었지.

"진짜 몰라서 묻는 거요?"

주인은 만복이를 아래 위로 훑어보더니 되물었어.

"내가 깊은 산골에서만 살아서 그런지 이렇게 이상하게 생긴 짐승은 처음 보오. 이 짐승, 이름이 무엇이오?"

만복이의 말을 들은 주인의 눈이 순간 반짝거렸어. 그러고는 가만히 서 있는 만복이한테 이렇게 말하는 거야.

"그건 봉황이오."

"봉황? 전설 속의 그 새 말이오?"

만복이가 깜짝 놀라서 물었어. 그러자 주인은 고개를 끄덕이며 태연히 말했지.

"그렇지, 바로 그 봉황! 그게 바로 저 새요."

"와, 내가 말로만 듣던 봉황을 직접 보게 될 줄이야!"

만복이는 봉황을 산골에 계신 어머니한테도 보여 드리고 싶었어. 그래서 값이 얼마냐고 물었더니 엽전 닷 냥을 달라는 거야. 보통 닭이라면 엽전 한 냥이면 될 텐데, 저 짐승은 봉황이라서 닷 냥 이상은 받아야 한다나.

　만복이는 지금까지 모아 뒀던 돈을 몽땅 꺼내 봤어. 딱 닷 냥이 있었지. 만복이는 어쩔까 망설이다가 봉황을 샀어.

　만복이는 불면 날아갈까, 쥐면 오그라들까 조심조심 봉황을 들고 주막으로 갔어. 그리고 주모한테 봉황을 맡기면서 이렇게 말했지.

　"내가 한양 구경을 더 하고 올 터이니, 이 봉황을 좀 맡아 주십시오. 비싸게 주고 산 귀한 새니까 잘 지켜 주셔야 합니다."

　그 말을 들은 주모는 고개를 갸웃했지.

　"봉황이라니? 이건 그냥 오골계라는 닭인데."

　에구머니, 만복이가 봉황인 줄 알고 산 짐승이 닭의 한 종류인 오골계였다네. 만복이가 두메산골에만 살아서 오골계라는 걸 몰랐던 거야.

　만복이는 씩씩거리면서 아까 그 가게를 찾아갔어. 만복이는 주인을 보자마자 돈을 내놓으라며 따졌지. 하지만 주인은 자기는 봉황을 판 적이 없다며 딱 잡아떼지 뭐야. 닭 잡아먹고 오리발이라더니, 딱 그 짝이었지.

　"아이고, 내 돈!"

　만복이는 땅을 치며 울었어. 관아에 가서

 억울한 사정을 이야기할까 생각도 해 봤지만, 나랏일을 하는 사람들에게 사건을 해결해 달라고 말하려면 돈이 필요할 것 같았지. 하지만 오골계를 사느라고 가진 돈을 몽땅 써 버렸잖아. 그래서 차마 관아로 달려갈 수가 없었던 거야.
 만복이가 큰 소리로 울고 있는데, 길을 지나던 사람이 물었어.
 "아니, 왜 그러시오?"
 그 사람은 자기를 '김선달'이라고 소개했지. 만복이는 김선달에게 지금까지 있었던 일을 이야기해 줬어.
 "그런 일이라면 관아를 찾아갔어야지."
 "누군 안 그러고 싶었겠소? 관아에 가서 닭 장수를 고발하려면 돈이 있어야 할 텐데, 난 가진 게 없단 말이오."
 "관아에 가서 고발하는데 돈이 왜 필요하단 말이오? 관아는 공공재요."
 "공공재?"
 만복이는 고개를 갸웃했어.
 "공공재란 백성들이 낸 세금으로 운영되는 나라의 공공 기관을 말하는 것이라오. 관아에서 일을 처리할 때 드는 돈은 모두 백성들의 세금으로 해결한다오."
 "그래도 돈을 내야 되지 않겠소? 사건을 처리해 주는데 공짜로

해 줄 리는 없잖소."

"백성을 지키고, 안전하게 생활할 수 있도록 돕기 위해서 존재하는 기관이 바로 관아 아닌가. 그런 곳에서 일을 처리해 주고 돈을 받다니. 관아에서 해 주는 일은 값을 따져서도 안 되고, 따질 수가 없다네."

"그게 참말이오?"

"아, 그렇다니까. 지금이라도 신고를 하러 갑시다."

만복이는 김선달의 말을 믿기 어려웠지. 괜히 갔다가, 사건을 처리해 줄 테니 돈을 내라고 하면 어쩌겠어? 아는 사람 하나 없는 한양 땅에서 돈을 구할 수 있을 리도 없고…….

만복이가 망설이자 김선달은 만복이더러 오골계를 자기한테 달라고 했어.

그러면 닭 장수에게 닷 냥을 도로 받아주겠다면서 말이야.

"닭장수가 내게 오골계를 판 적이 없다고 딱 잡아떼는데, 무슨 수로 그 돈을 받는단 말이오?"

잠시 뒤, 김선달은 만복이한테 산 닷 냥짜리 오골계를 들고, 그 길로 관아를 향해 갔어. 그러고는 큰 소리로 외쳤지.

"이보시오, 긴히 드릴 선물이 있어서 그러니 원님을 불러 주시오."

"무슨 선물인데 그러시오?"

포졸들이 묻자 김선달은 잠시 뜸을 들이는가 싶더니, 소곤소곤 말했어.

"봉황을 구했다오. 이렇게 귀한 짐승을 나랏일 돌보느라 힘든 원님께 선물로 드리려고 하오."

김선달은 오골계를 포졸에게 내밀었어. 그것을 원님께 전해달라고 했지. 포졸은 고개를 갸웃하면서 오골계를 들고 갔어. 잠시 뒤, 원님이 김선달을 찾는다는 소리가 들려 왔어. 고마워서 찾았냐고? 그야 당연히 아니지.

"감히 오골계를 봉황이라고 속이다니!"

원님은 김선달을 사기꾼이라며 당장 옥에 가두라고 말했지.

"억울합니다, 원님! 저는 닭장수가 말하는 걸 곧이곧대로 믿었을 뿐입니다. 저는 두메산골에 사는 농부라서, 오골계를 본 적도 없습니다요. 그러니 속을 수밖에요."

"그래? 그렇다면 너를 옥에 가둘 것이 아니라, 오골계를 속여서 판 닭 장수부터 잡아들여야겠구나."

원님은 어리석은 백성을 상대로 거짓말을 한 닭 장수를 잡아오라고 일렀어. 원님이 두 눈을 부릅뜨고 호령하자 닭 장수는 잘못을 사실대로 인정했지. 그러고는 손이 발이 될 만큼 싹싹 빌었단다.

"당장 저 농부에게 닭 값을 물어내도록 하라."

원님의 명령이 떨어지자, 닭 장수

는 김선달에게 오골계 값 닷 냥을 물어냈어. 그리고 곤장까지 흠씬 맞았지. 김선달은 그 모습을 고소하다는 듯이 지켜봤어.

"자, 자네가 사기당한 돈 닷 냥일세."

김선달이 닭 장수에게 받은 돈을 만복이에게 내밀었어.

"고맙습니다. 선달 님 아니었으면 큰일 날 뻔 했습니다."

"나라의 공공재는 백성들 누구나 이용하라고 만들어 둔 것이오. 그러니 다음 번에 억울한 일을 당하거든 주저 말고 관아를 찾아가도록 하시오."

"그런데 선달 님은 뭐하시는 분이십니까? 어찌 그리 잘 아십니까요?"

만복이가 묻자 김선달은 빙그레 웃음을 지으며 말했어.

"나는 엊그제까지 평양서 대동강 물을 팔던 장사꾼이라오."

"대동강 물을 팔다니요? 평양 사람들은 물도 돈 주고 사 먹습니까?"

"물은 온 백성의 것인데 사고팔고 하면 쓰겠나. 하도 고약한 장사꾼이 백성들을 괴롭혀서 혼 좀 내주느라 그랬지."

"예?"

김선달은 평양서 제일 고약한 부자인 황 부자를 골려준 사연을 얘기해 줬어. 황 부자는 가난한 사람들에게 돈을 빌려줘 놓고, 갑자기 돈을 갚으라고 닦달을 했대. 그리고 돈을 갚지 못하면 집 안을 샅샅이 뒤져서 돈이 될 만한 것을 몽땅 빼앗아 가는 사람이었다지. 그 버릇을 고쳐 주려고 김선달은 꾀를 냈었대.

"내가 무슨 꾀를 냈냐면 말이야, 대동강 물을 황 부자한테 팔아먹었다네."

김선달은 물지게꾼들에게 돈을 주고서 대동강 물을 퍼 갈 때마다 자기한테 한 냥씩 내도록 했대. 이 사정을 모르는 사람들은 김선달이 강가에 앉아서 물지게꾼들한테 돈을 받고 물을 판다고 생각했겠지. 황 부자도 같은 생각을 했지.

"아, 내가 가만히 앉아서 돈을 척척 번다고 생각한 황 부자가 대

동강을 자기한테 팔아 달라고 애걸복걸하지 뭐야. 그래서 내가 비싼 값을 받고 강을 팔았지."

"앞으로 대동강 물을 마시려면 황 부자한테 돈을 내야 합니까?"

"그야 당연히 아니지."

"그럼 황 부자는 어떻게 됐습니까?"

"지금쯤 나한테 속은 걸 알고 억울해서 땅을 치고 있을 걸세. 쉿, 내가 대동강 물을 팔아먹었다는 사실은 자네한테만 얘기해 주는 걸세!"

만복이가 고개를 갸웃하는 사이에, 김선달은 저만치 사라지고 없었어.

더 알아보기

『봉이 김선달』은 어떤 내용일까요?

　봉이 김선달은 조선 후기의 사람으로, 평양이나 개성쯤에 살았던 전설적인 사람이랍니다. 김선달에 대한 이야기는 여러 책에 두루 나와 있는데, 널리 소개되기 시작한 것이 1906년 〈황성신문〉에 김선달에 대한 일화가 소개되면서 부터랍니다.

　김선달의 본명은 원래 '김인홍'으로, 일찍이 학문에 뜻을 두고 공부하던 선비였다고 합니다. 과거를 보러 한양으로 간 김인홍은 벼슬아치들이 편을 가르고 싸우기 일쑤고, 돈만 주면 벼슬은 물론 양반 신분까지도 사고팔 수 있다는 사실을 알게 됩니다. 실망한 김인홍은 과거 보기를 포기하고 조선 땅을 돌아다니면서 백성들을 괴롭히는 양반들을 혼내 주고, 재물에 눈 먼 장사꾼들을 조롱하고, 백성들의 마음을 쥐고 흔드는 잘못된 종교인들의 코를 납작하게 눌러 주기로 마음먹습니다.

봉이 김선달의 일화 가운데는 욕심 많은 부자에게 대동강 물을 팔아먹었다는 이야기도 있고, 닭을 봉이라고 속여서 팔아먹은 장사꾼의 코를 납작하게 만들어 줬다는 이야기도 유명합니다. 김선달을 봉이 김선달이라고 부르게 된 것은 바로 닭을 봉이라고 속여서 파는 장사꾼을 혼내 주고부터였지요.

꾀도 많고, 재치도 뛰어난 김선달의 행동들은 벼슬아치들로 인해 고통 받던 백성들에게 재미있는 이야깃거리였을 것입니다. 그래서 입에서 입으로 김선달의 이야기를 전하다 보니 때로는 없는 이야기가 더해지고, 작은 일도 크게 부풀려졌을 테지요.

분명한 것은 봉이 김선달의 이야기를 통해 우리 조상들은 나쁜 짓을 하면 벌을 받고, 착한 일을 하면 복을 받는다는 것을 알려 주려고 했다는 것이랍니다. 또 고약한 양반들의 코를 납작하게 눌러 주는 김선달의 모습을 통해 통쾌하게 웃고 싶었겠지요.

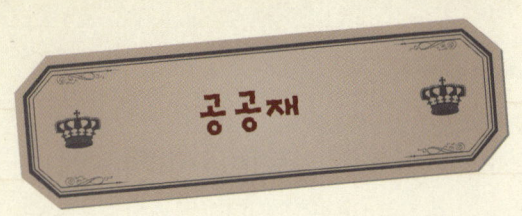

공공재

공공재와 세금

공공재는 모든 사람이 편리하게 이용할 수 있는 재화나 서비스를 말합니다.
공공재를 돈을 내지 않고 이용할 수 있는 이유는 무엇일까요?
경제의 중요한 한 축을 맡고 있는 국가 경제를 살펴보아요.

공공재란 무엇일까요?

　　공공재는 모든 사람들이 편리하게 이용할 수 있는 재화나 서비스를 말합니다. 우리가 쓰는 물, 전기, 도시가스 같은 것들은 공공재 재화에 속하고 경찰서나 소방서, 119 같은 시설은 공공 서비스에 속하지요. 박물관이나 도서관, 공원이나 도로도 공공재에 속한답니다. 이러한 공공재는 모든 사람들이 언제든 편리하게 이용할 수 있어야 하는 것으로 대가를 치루지 않아도 됩니다. 또 쓸 수 있는 기회를 제한하지 않기 때문에 한 사람이 여러 번 이용해도 괜찮답니다.

　　공공재를 쓸 때 대가를 치루지 않아도 되는 이유는 공공재가 수익을 위한 것이 아니라, 국민들의 편의를 위한 것이기 때문입니다. 정부는 국민이 낸 세금을 이용해서 공공재를 만들고 관리하는 일을 합니다.

대가를 치루지 않고 공공재를 쓸 수 있는 까닭은?

　　어떤 서비스나 물건 등을 이용할 때는 반드시 그만큼의 값을 지불해야만 한다는 것이 시장의 논리입니다. 하지만 경찰서, 소방서, 물, 전기, 가스 같은 것들을 시장의 논리에 맡겨 두면 돈이 있는 사람만 강도를 만났을 때 경찰에게 도움을 청할 수 있고, 불이 났을 때 불을 끌 수 있겠지요.

　　이런 것들이 가난한 사람들에게는 기회조차 주어지지 않는다고 생각해 보세요. 가난한 사람들의 생활은 상상할 수 없을 정도로 불편해 질 거예요. 이런 일을 막기 위해 국가가 나서서 공공재를 관리하고, 운영하는 것입니다.

공공재에는 어떤 문제점이 있을까요?

　　공공재는 국민의 세금으로 운영되는 기관입니다. 그런데 공공재를 이용할 수 있는 권리는 세금을 내는 사람이든, 안 내는 사람이든, 많이 내는 사람이든, 적게 내는 사람이든 똑같이 주어지게 됩니다. 설사 세금을 내지 않은 사람이라고 할지라도 경찰 기관을 이용할 수 있고, 도로 시설을 쓸 수 있습니다.

그런데 누구에게나 자유롭게 이용의 기회를 주게 되면, 자신의 의무를 다 하지 않았는데도 함부로 공공재를 이용하려는 사람들이 생기게 마련입니다. 이런 사람들을 일컫는 사회 용어를 '공짜 승객'이라고 하지요.

공짜 승객이 많아지면 정작 공공재가 필요한 사람들이 더 큰 대가를 치러야 할 뿐만 아니라 마음껏 이용할 수가 없게 됩니다. 세금을 내지 않는 사람이 계속해서 소방차를 쓴다고 생각해 보세요. 그 차를 쓰는 비용을 다른 사람들의 세금으로 충당하게 되겠지요? 정당하게 세금을 낸 사람들은 소방차를 쓸 기회가 줄어들 뿐만 아니라 더 많은 세금을 감당해야 하는 불평등을 안게 됩니다.

여러 가지 공공재

우리 주변에서 볼 수 있는 공공재로는 군대, 경찰서, 소방서, 119 구급대, 도로, 공원, 도서관, 박물관, 교육 시설, 의료 시설, 전기, 수도, 가스 등 여러 가지가 있습니다. 이 가운데는 전혀 대가를 받지 않는 곳도 있고, 가장 기본적인 비용을 받는 곳도 있지요.

이 가운데 기본적인 비용을 받는 공공재의 경우, 그 비용을 통해 수익을 내기 위한 목적을 갖는 것은 아니랍니다. 보다 잘 관리하기 위해서 최소의 비용을 필요로 하는 것이지요.

인물로 보는 경제 이야기

글 서지원, 정우진, 나혜원, 조선학, 유시나 | 그림 엄수지

펴낸날 2011년 12월 30일 초판 1쇄, 2021년 3월 4일 초판 14쇄
펴낸이 김상수 | **기획·편집** 서유진, 권정화, 조유진, 이성령 | **디자인** 문정선, 조은영 | **영업·마케팅** 황형석
펴낸곳 루크하우스 | **주소** 서울시 서초구 사임당로 50 해양빌딩 504호 | **전화** 02)468-5057 | **팩스** 02)468-5051
출판등록 2010년 12월 15일 제2010-59호
www.lukhouse.com   cafe.naver.com/lukhouse

저작권자의 동의 없이 무단 복제 및 전재를 금합니다.
* 이 책의 내용은 등장인물의 실제 일화가 아닌 픽션입니다.

ISBN 978-89-97174-14-0 73320

※ 잘못된 책은 구입처에서 바꾸어 드립니다.
※ 값은 뒤표지에 있습니다.

상상의집은 (주)루크하우스의 아동출판 브랜드입니다.